四庫存目

納甲匯刊

[五]

校正全本易冒

［清］程良玉◎撰　鄭同◎校

華齡出版社

责任编辑：薛　治

责任印制：李未圻

图书在版编目（CIP）数据

四库存目纳甲汇刊. 5 ／（清）程良玉撰.

—北京：华龄出版社，2016.6

ISBN 978-7-5169-0727-6

Ⅰ. ①四…　Ⅱ. ①程…　Ⅲ. ①《四库全书》—图书目录

Ⅳ. ①Z833

中国版本图书馆 CIP 数据核字（2016）第 124125 号

书　　名：四库存目纳甲汇刊（五）

作　　者：（清）程良玉

出版发行：华龄出版社

印　　刷：九洲财鑫印刷有限公司

版　　次：2016 年 6 月第 1 版　2016 年 6 月第 1 次印刷

开　　本：720×1020　1/16　　印　　张：12.25

字　　数：188 千字　　　　　　印　　数：1～5000 册

定　　价：38.00 元

地　　址：北京市西城区鼓楼西大街 41 号　邮　编：100009

电　　话：(010) 84044445　　　传　　真：84039173

网　　址：http://www.hualingpress.com

序

余在长安时，即闻程君元如贤，后十年而始得访君于家，元如辞以疾，余因胡子旅堂为介绍，过从者再，元如始出。聆其言论，盖君平公时之流也。自时厥后，余数过其家，元如虽卧病，必强起为余坐谈弗倦。一日谓余曰：吾五岁而瞽于痘，不能习举子业，学医不成，始学《易》；初从星元先师游，晚遇枯匏老人，互相质证，有所悟，命人笔记，历年成画，而但虑辞多烦冗，意或重复，因托旅堂为余商订，书成公其为我序之。余应诺。未几旅堂殁，余窃虑无有赞助此书于成者矣。元如益伤悼痛哭，病日深，余往问疾，不能出，然犹异其必起也。无何而元如亦下世矣，呜呼痛哉！甫浃旬，有人衣缞绖衣，面深墨，持《易冒》一书，长跪而涕泣曰：吾父易箦时，执手叮咛，谓所著书为我也，序者必楚中王先生，我是以恪遵遗命，来求先生，先生幸勿辞。余闻其言而悲，又何忍辞。余窃叹易学至今日，不绝于不学易，而绝于学易者，恒多矣。夫学易宜未绝也，绝于不易，其易而窃异端之术以为易，其为绝也，孰甚焉。程子传易，本之王弼，弼则出之费直；朱子《本义》，本之吕伯恭，古易则本之田何，未尝以非易言易也。元如之学易也，谓其辞有尽而其象无穷，每占一卦，观其爻象贞悔阴阳动静，而人之终身吉凶悔吝洞若观火，以是声名藉甚，甚有越千里以来求一言而去者。而元如盖不敢自多也，日惟观象玩占以自体验。嗟乎，吾党有人致身通显，侈然以名士自居，人有举其所治经大义以问，而尚不能默数其章句者，况能悉意义之精微乎？此元如之所以不可及也。且今日之患，学士大夫以通经学古为迂，而好驰骛于词章声华，以鸣得意。即学易者不泥于数，则拘于理，未有得于意，言象数之外者。夫儒者不能传其易，而使传易者乃在一盲废之人，是尤可悲也。已书将成，旅堂与元如相继殂谢，人以为奥义密理，不能为天地秘藏，或其泄机已甚。余谓学易寡过，思虑所及，通于鬼神，未闻天道禁人之觉酣于义理也。书将成而溘然长逝，亦朝闻夕可之义也哉，不然元如之终也，语不及私，拳拳以此书为念，岂好名哉？其平日心力之所至，窃恐后世不得其传，故不自为虑，而为人虑也。然则元如谆切属余之意于是乎，慰矣。

时康熙三年仲秋楚江安史氏王泽弘撰

易冒序

尝阅史至管公明"善《易》者不论《易》"之说，谓是答何邓之弛言耳。今观程子著书，而始信夫程子垂帘虎林市上，辨吉凶，论悔吝，无非《易》也。而《易冒》一书，则不尽论《易》。无非易者，理从《易》出，易之外无理；不尽论《易》者，《易》从数显，数之用非《易》。然则何云《易冒》哉？悉是书者，可以善《易》书，盖为《易》而说也。

若夫"生生之谓易"，通变无方，而引伸触类，以穷神达化。圣人原不使人枯槁于象辞爻象间，而遂谓之易也。故《系辞》曰"冒天下之道"。冒，覆也。天覆乎上，而七曜五行，春秋寒暑，人物化育，散见于中，皆不谓之天，而莫非天之事。《易》统其纲，而甲子六神，变互反伏，与诸星世应九十一章之旨，皆未始专言《易》，莫非《易》之事。是程子之书，不论《易》而精于言《易》者也。今人不察，每得焦氏诸人之书，秘诸帐中，遂谓道在是矣，乌知此中奥衍有若是哉！

程子为当今管郭，有勿占，占则应如响。户外趾相错，日既昳，有不及叩而返者，如是二十余年。以为尝至四十时，抱疴键户，忽忽机动于中，遂得数见兆，因而发愤著书，穷极要妙。自谓能补前圣所未备，极深研几。盖三年而书始成，书成程子即谢世去。然则占墨视折，程子虽欲秘之有所不能秘。昔郭参军有《青囊书》九卷，门人赵载窃去，未及读而火焚之。似乎独得之秘，为造物所忌，程子不死于未著书之前，适死于方成书之日，苟非天以此道绝续之会，令程子继往哲，开来学，恶睹其有传书乎？余友文翎高子，于程最称服膺。余因得尽读其所著书，且以叹程子之善易，而又天纵之以论易也。则视《易冒》一编，虽谓程子未尝死亦可矣。

时康熙甲辰秋七月既望钱塘且菴顾豹文撰

序

余总角时，闻新安有元如程先生者善卜，隐居吾杭城西偏，车马阗骈如市，日既晡不得下帘休息。余友旅堂胡子，亟称其人。尝纵而窃窥之，其状貌魁梧，言谈若河注，心知其非日者卜筮之流矣。比元如徙郭外，与余比闾居，交益密，时时过纵。闻其绪论，虽老生宿儒不能及。私念京焦管郭精易数，有声著述；元如以瞽目博洽若此，非夙有神解，何以至是。余攻举子业，所习仅易书训诂，每观元如卜，其称引繇词，与《本义》无殊旨，靡不奇中。人曰元如精于数，秘而不泄，特廋其辞于常谈耳。元如笑应曰："圣人穷理，数为理用；后贤极数，理以数彰，理数岂有二哉！"考亭谓孔子以义理说易，是象数已明，不须更说；今人不知象数，而妄言易理，亦复何当。然人知理之示人者显，数之告人者微；不知数之微者，其变有定；而理之显者，其应无穷。吾幼遭废疾，不独探索圣人穷理之原，以极数之委，幸遇星元师及枯匏老人，深究圣贤书数，而汇诸理。庶几幽明死生，进退存亡之道，其亦可坐而照也。余知元如殆得道之士，虽季主、君平，未必能过。辛丑夏元，如梦青衣吏二人，以檄召之去。元如曰："去无难。第卜筮之道，沿习糟粕，而未穷其奥。余得师传，欲立言以问世，操是心几二十年矣。而卒未就，奈何。"吏人曰："吾为君请之，足了君事。"比觉，遂发愤著书，越三年而书成，属旅堂点次；点次甫定，而旅堂逝。以其书授之梓，梓成而元如孙逝。呜呼！立言传世，其功在人。元如抱斯志垂二十年，盖成之若斯之难也。朝闻夕死，不可谓非天为之。其书传，其人不死矣。余因是益叹数之有定，而"圣人作易以前民用"者不可诬也。若元如者，其为得道之士，而非日者卜筮之流。读《易冒》者，自有会心，知非余一人交深而私许之矣。

时康熙甲辰仲秋西泠陆进苌思父拜撰

易冒自序

予世家新安之蟾豀，父映源公，业贾吴兴；母谢氏，生予多蹇，五岁而瞽于痘。先君谓予母曰：是儿早慧，今得废疾，不能受书，学举子业，莫若令习医。遂授医书，耳听心受，手训点画，至十岁，予告父母曰：为医之要在望闻问切，既不能望，术能神乎？乃弃而学卜，从日者家五六人，粗得其概。最后从星元先师游，独尽其传，朝夕问讯，记忆控讨，相随五载，犹若茫然。乃渐迁心音律奕棋之戏，将堕厥，业师戒予曰：夫学易之道，专则纯一，纯一则精，精乃入神，分则杂乱，杂乱则疏，疏乃不入；今汝学，分而不专，其能达耶？于是益发愤研求，屏绝外嗜，竭思废寝，以为天下之事亿兆纷纭，何以得一理贯通其吉凶而后不惑？年登十八，始悟用爻是此是彼，随大随细，惟一用爻而求诸吉凶，乃得其柄。如所谓老奴占幼主，必用父母，少君占衰仆，必用妻财，此以分不以年也；词讼凭官而后世应，以胜负决于听讼也；寿命凭用而后父母，以其享年也；科目先文而后官，廷试先官而后文，各有所重。由此引申，则左之右之，无不宜之矣。于是集旧闻，秉师说，本以心得，参以占验，纂述成书，为筮类五十篇，而内详三百七十有七问；考圣人立法之所由，参研三载未得。

己卯之冬，偶遇楚来枯匏老人，聚首三月，更请益焉，乃曰：圣人不妄立法以教人，皆必有本，而具陈于百家之书，汝未能徧考，我一一授之子，子其秘之。予曰：圣人立法，将以开后世之蒙，受而复秘，独得之亦何益耶？枯匏曰：是心可以为人师矣！前言探子尔；立言传世，功孰大焉。于是复究先贤阐易之书数十种，立法四十一篇，计九十一章，卷分有十，列成卦成爻之由，立世立应之法，诸星何事而名，六神何事而司；随墓助伤，本凶而有弗凶也，绝生本吉，而亦有弗吉也；空破绝散，有真伪之分，飞伏互变，有轻重之取，岂执一义而尽之与？故《黄金策》言用化用则有用无用，其云化去，是神忒也，伏吟之故尔，若化进神，安得无用乎？复曰太过者损之斯成，非云吉凶断事之成合时也。若曰用爻太过为不吉，则生扶拱合之语非矣。《卜易阐幽》云：伏藏不论旬空，可以言轻重，岂言不空耶？亦长于彼而短于此也。《卜筮元龟·晴雨》以世为地，应为天，京房以父母为天地，亦是于此而非于彼也。《补遗》飞伏其七世皆伏本宫，而京房独以游魂飞伏不相侔合，如晋外伏艮而内伏乾，己酉世爻以丙戌为飞伏；如需外伏兑而内伏坤，戊申世爻以丁亥为飞伏，占之屡验。然先师成书时，未得此学也。即搜决鬼神多载，湖下之圣，六合之内，有土风名俗之相异，百世而下再成之神，但能以义理相揆，岂可实指其姓字乎？先师每谓予曰：生平之学，补遗缺是二端甚矣，著书之难也。予荒陋管窥，敢言能备与惟所知者载之，不知者以待高贤之教我也。

予常终日凝思，久而不悟，春秋相继而未得。逍遥子谓予曰：致虚守静以观其复，灵明生焉。密云禅师谓予曰：但会取本有。吾于二师有默契，云古之人有以风占鸟占谚占，言语卜威仪卜政事卜，是无卜筮而知吉凶也。况著草金钱木丸之占，而必执同异相非乎？愚以为易者象也，象也者像也，其辞则异，其象则符，但告于著则以著占，告于五行则以五行占，告于焦氏则以焦氏占可也，其成卦成爻一也。久思著书问世，以造门之问，日晏不遑。年四十而疽发于背，始得杜门谢客，而草创之，历三年之久而撰稿粗成，就正于故人旅堂先生。先生与其同学，见而亟称之，乃下榻草堂，重加删定为梓以行世。嗟乎，苟有小补于世，则安敢逃于妄述之罪哉！

时康熙甲辰岁仲夏朔旦新安瞽目程良玉叙

程元如先生遗像

谢彬写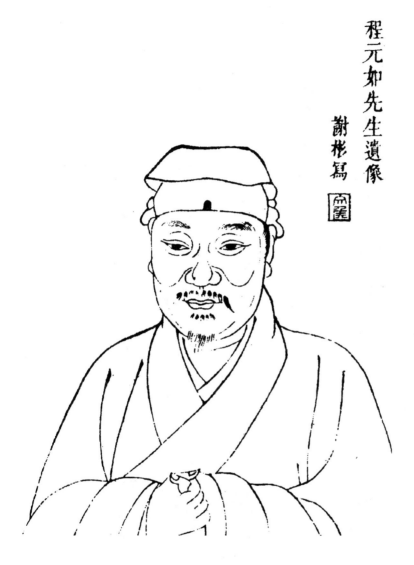

渊然以凝穆然以深窅乞冥乞

如雷如霆奄乎先葆樸帝漓吾

真夫是以道可参乎天地誠能

格乎鬼神

仁和勿菴高鳳岐頓首題贈

目 录

校正全本易冒卷之一

甲子章第一

天干有十，地支有十二。

干犹本也，象天生物，故曰天干；支犹枝也，象地成物，故曰地支。干有十：甲乙丙丁戊己庚辛壬癸；支有十二：子丑寅卯辰巳午未申酉戌亥。

用甲乘子，取乙驾丑，干支终始而循环，天地之数六十而尽矣。

甲子之法，以天干顺布于地支之上，始自甲子至癸酉，干终而始甲戌，支终而始丙子，若枝本之不离，并尽于癸亥，计有六十也。

天分五运，地分六气，以造化万物于其中，乃作甲子以记岁时，使日月四时之有经也。

五运谓东南西北中，十干动运乎上；六气，谓十二支六阴六阳之气，司寒暑春秋升消长之权，静成乎下，而吉凶祸福，由是以兆。

自汉武从寅，则无复四同之甲子。迨娄景补韵，则始传分象之五行。

周正建子，则以甲子年起甲子月，甲子日起甲子时；夏正建寅，汉武帝述之，退三位而取丙寅，所以无复有四甲子也。古纳音但有甲子乙丑属金，丙寅丁卯属火之法，及娄景先生推五行之理作歌，始有海中金、炉中火之说。

纳音之法，以干支之数，合大衍之用四十有九，去其本数复考其零，以五行相生而纳诸属也。

纳音所属之法，大衍之数五十，其用四十有九，考其干支所属之数几何，于四十九数内，去其干支本数，而所零者以五除之，其余复以水一、火二、木三、金四、土五，数至四十有九，得水则纳音是木，得土则纳音是金也。法曰，六旬甲子妙尤元，七七中除地与天，五减零求生数立，纳音得此几人传。夫干支之数，谓甲己子午九、乙庚丑未八、丙辛寅申七、丁壬卯酉六、戊癸辰戌五、巳亥四为则，此干支定数也，也以万物关子而合申，故甲己子午，自子至申得九，乙庚丑未，自丑至申得八，如甲乃九数，子亦九数，乙乃八数，丑亦八数，计三十有四，于四十九内除之，其余十五，复减其十，所零五数，五为土，土生金是也，余仿此。

复引申其用，浑甲同此而作，三式由此而成。

浑甲，以六十甲子纳八卦之下也，三式谓太乙统宗，天之数也，奇门遁甲，地之数也，大六壬神，人之数也。

干乃天，虚而无形，故不专祸福。支乃地，实而有象，则有旺衰生死。进退消长，破冲刑害，以曲成万物之能。

天无形，故干神之用，专于五化，谓甲己化土，乙庚化金之类；地有象，则成能万物，吉凶以昭，故支神之用，有当生者旺，所生者相，四生四死，进神退神，升降消长，三刑六害之类。

是以位之四方，纳之八卦，立星煞之神，生生不已，新新不停，咸备五行之用。通画所谓三大三小，谚语所谓无水无金，上古天皇地皇人皇，皆资是始。万化之用，岂能外此哉！

以干支列于四方，谓壬子癸、丑艮寅、甲卯乙、辰巽巳、丙午丁、未坤申、庚酉辛、戌乾亥是也；以干支纳于八卦之下，义见后篇。立吉星凶煞之神，吉凶咸备。他如通书所谓六甲下纳大金小金大火小火大水小水之法，谚语谓甲子甲午旬中全无水，甲申甲寅旬中不见金之说，即上古天王君起甲子，地王君起甲申，人王君起甲寅，莫不造端于此。故曰甲子不立，则五行不神，五行不神，则吉凶不著矣，是以著易必首明甲子。

成爻章第二

以钱代蓍，但求奇偶。

上古以蓍揲而成爻，后因揲蓍之烦，故以钱代蓍，不必分二挂一，揲四归奇，但求奇偶，所谓舍四营而减为一掷者也。

奇者阳也，像天之覆。偶者阴也，像地之载。观覆载而奇偶得矣。

钱分奇偶，以形测之，钱覆者如天之覆悬于上，故属阳而为奇，钱仰者如地之仰载于下，故属阴而为偶。

得一奇则曰单，谓之少阳。得一偶则曰拆，谓之少阴。三覆曰重，谓之老阳。三仰曰交，谓之老阴。重乃三奇，交乃三偶。阴阳老少既成，而八卦由此生也。

奇圆围三，偶方围四，三用其全，四用其半，故得一奇二偶是七，而为少阳，得一偶二奇是八，而为少阴，三覆是三奇而为九，乃老阳也，三仰是三偶而为六，乃老阴也，九名重，六名交，七为单，八为拆。

法云：向上言眉，句下言背。亦谓如乾坤之形耳。

法曰：两背由来拆，双眉本是单。浑眉交定位，总背是重看。谓乾形覆背在上，坤形仰眉在上是也。近俗有以竹筶辩阴阳者则异是，以竹中剖，其心向上为阳，向下为阴。钱以体成，其形覆为阳，仰为阴，各有取义也。

成卦章第三

既成三象，始有二老。

一画而分阴阳，二画而分太少，三画而备三才，三才备而二老交，二老交而六子立矣。

纯阳曰乾，纯阴曰坤。刚柔交而得一阳曰震，乾坤荡而得一阴曰巽。再磨而成坎，复媾而为离。三索奇偶而生艮兑，六子备而八卦立矣。

八卦从二老而生六子，三单纯阳为乾父，三拆纯阴为坤母，二老始交，阴获阳为震，阳得阴为巽，再索之坤中爻获阳为坎，乾中爻得阴为离，三索之坤上爻获阴为艮，乾上爻得阴为兑，于是乾兑离震之顺，巽坎艮坤之逆，首尾交接而成圆图，先天八卦备矣。

因而重之，坤始震而至纯乾，左旋之三十二象也；乾配巽而至纯坤，右转之三十二象也。是故圣人以象义而名卦，以变次而成章焉。

八卦之上，重加八卦，以坤独一阳之初，而坤加于震，从此始左逆行，以坤艮坎巽震离兑乾配于震上，次而离，次而兑，次而乾，此左旋三十二卦也；以乾得一阴之初，而乾加于巽，从此始右顺行，以乾兑离震巽坎艮坤配于巽上，次而坎，次而艮，次而坤，此右转三十二卦也。易卦次由十六变而成，谓乾一变姤，二变遁，三变否，四变观，五变剥，上爻天也，故不变，而复下变四爻为晋，易章成有七焉，三变旅，游入离宫，故圣人以火地晋为游魂，二变鼎，一变大有，不序他卦，还入本宫，易章始成八卦，故圣人以大有为归魂也。盖凡九变，万物归还，理数以极，自然之象，复二变为离，三变噬嗑，四变颐，五变益，复四变无妄，三变同人，二变仍乾，乃十六变也。后天八宫易章之成如此，此卦变非动爻变也。

夫大衍之数，成一为奇，成二为偶，周奇而后周偶。四营为一，三扐为爻，老少乃得。然则经文卦序，不由象而由义也。

此言爻与卦殊也，如大衍之数，单奇双偶，先有奇而后有偶，四营为一变，一变为一扐，三扐为一爻，始见老少皆从奇偶而成，若经之名卦序卦，皆以义起也。

若一生二，二生四，四生八，八生十六，十六生易，此易之穷于象也。

象与义虽异而不相离，故一画阴阳为二仪，则生二画之四象，二画老少为四象，则生三画之八卦，八卦再重而十六，十六四重而成天地雷风水火山泽之易，则易之道，从象而终也。

一与九，二与八，三与七，四与六，五与十，此图之终于数也。

此言单拆交重之数，尽于河图中也。

盖以数以象以义而成易，则数象义相乘，而吉凶出矣。

此言象不离数，义不离象，以成卦断吉凶也。

纳甲章第四

乾坤为天地，生万物于中，由是三才备而六子立。故十干之所纳，乾，阳也，纳阳干之首尾，下甲而上壬。坤，阴也，纳阴干之首尾，内乙而外癸。

盖万物六子，皆从天地而有，故阳干纳阳卦，阴干纳阴卦，乾坤纳天干首尾，而中包六子也。夫甲阳乙阴，天干之首，壬阳癸阴，天干之尾，庚辛戊己丙丁，所谓中包而六子纳之也。

震巽以长而纳位乎上，坎离以次而纳位乎中，艮兑以少而纳位乎下，位与爻异。盖爻以数成，而位以序别也。

震巽纳庚辛。上位也。坎离纳戊己。中位也。艮兑纳丙丁。下位也。夫天干纳位。地支纳爻。不相同者。以爻从六七八九之数而成。而位以长幼为序也。

二老时迁，三少不变，则干支六十，可得而具焉。

夫一卦纳六爻，则干支止于四十有八，六十甲子，何能备纳，故二老所纳随时迁移，冬至后下纳甲乙，上纳壬癸，夏至后下纳壬癸，上纳甲乙，而后交互变化，甲子咸备。

十二支所纳，阳顺阴逆，故乾起子而及戌，长子袭之。中男袭其中爻，三男袭其上爻也。阴则不然。盖子以从父，妻以从夫，人伦之常也。

盖地支以阳顺阴逆而纳，如乾纳子寅辰午申戌，而长子袭之，中男袭中爻，则纳寅辰午申戌子，三男袭三爻，则纳辰午申戌子寅也，阴卦异是。

夫天地絪缊，上下交媾，阴阳磨荡。故坤建未而尽酉，以互合于乾。此二老之所以能变化也，少则不然。盖老变少不变，天道之常也。

絪缊交媾磨荡，皆指顺逆变化好合而言，故坤纳未巳卯丑亥酉者，以其下坤合配上乾，上坤合配下乾，所谓相互而合，相交而好，相磨荡而成变化也。故曰两仪不磨，则万物不成，二老不荡，则六子不立矣，三少阴异是。

夫巽以丑从子，离以卯从寅，兑以巳从辰，女随男，阴从阳，交错逆行，周旋无间，故曰浑天甲子。观其阴阳进退变化反复，而知几其神乎。

巽纳丑亥酉未巳卯，以其内巽阴丑，随震阳子，外巽阴未，随震阳午；离纳卯丑亥酉未巳，以其内离阴卯，随坎阳寅，外离阴酉，从坎阳申；兑纳巳卯丑亥酉未，内兑阴巳，随艮阳辰，外兑阴亥，从艮阳戌。此所谓夫妇随从，周旋无间，而交错逆行也。

五行章第五

五行者，五类也；五类者，象而类之也；夫象有五，曰令、曰位、曰色、曰形、曰性。

五类，金木水火土也；令，时也；位，方也；色，气也；形，状也；性，属也；因是而象，则知其类。

一阳之生，令司冬至，子之半也；位列北方，坎之体也；色黑，形湿，其性乃寒，水之象也。阴阳相半，令司春分，卯之正也；位居东方，震之用也；色苍形润，其性乃温，木属故也。

此言象而类之，则知坎子北方应属水，震卯东方应属木也。

一阴之生，令司夏至，午之半也；位列南方，离之体也；色赤，形燥，其性乃热，火之属也。天地相收，令司秋分，酉之中也；位居西方，兑之用也；色白，形稿，其性乃凉，金属故也。

此言离午南方，应属火也，兑酉西方，应属金也。

四方四时，则类其所亲，五行五旺，则分其所居。

春木夏火秋金冬水，相亲而类之，然必以子午卯酉为君宰，以五行旺于是尔。

故亥水寅木巳火申金，类从其属；辰戌丑未，则出类分属，是以令季，色黄，形安，性平，位中央而寄四维，土为万物之本也。

亥近子，故属水，寅近卯，故属木，巳近午，故属火，申近酉，故属金，然辰戌丑未属土者，不亲其类，反分四季，盖万物之根，不可一无土也。

干神应支，从类而化，犹地生物而天应之。

地支所属，天干应之，如寅属木，寅中有甲，而甲亦木矣；如卯属木，卯中有乙，而乙亦木矣；如辰属土，辰中有戊亦土矣之类。盖剑气烛天，芝光照地，理也。

其八卦之属，位之象之，推而五兆七耀之分。亦近取诸身，远取诸物之所自起也。

乾兑位西属金，震巽位东属木，此以位言之；坎水离火艮山坤地，此以象言之；五兆，谓雨霁蒙驲克，即水火木金土；七耀，谓喜善威文弱燥怒，即日月金木水火土也。

六亲章第六

吾闻立人之道，必先五伦，此六亲所自始也。

六亲之法，义仿五伦。

卦成则以我为本，有我，则生我者为父母，曰慈，曰天，曰地，曰城池，曰文章、器皿、衣冠，凡以庇其身也。克我者为官鬼，曰刑，曰雷电，曰品级，曰乱臣贼子，曰疾病、制爻，凡以束其体也。

凡卦成六爻内飞伏互变之中，年月日时之上，凡生我者谓之父母，主庇益，克我者，谓之官鬼，主制缚。

比和者为兄弟，而于贵则相凌，利则相攘，政则相干，得则相取。

兄弟本为比和，但吾之所好，彼亦好之，故嫌攘夺，又为阻滞。

我生者为子，则能制我之仇雠；我克者为财，则能给我之驱使。子孙为福德，而忠良、医药、高尚、逍遥之象见焉；妻财为仆妾，而货贝、仓库、饮食、淫乐、荒殆之象见焉。

子为福神，兼能克鬼；财为仆妾，兼主货财，溺则淫乐荒殆也。

推之人事，宠禄盈而兆乱，财动生鬼也；慈惠著而众归，父动生兄也；困而后荣，生而后富，官动生父，子动生财也；比肩协力，而国士以至，兄动生子也。此六亲之生象也。

此言用神不动，而元神动者，亦为吉占。相生之理，推之人事而无不合也。

长能率幼，父动克子也；邪不胜正，子动克官也；多财损文章之誉，威刑弭狙诈之心，财动克父，官动克兄也；利则起争，争则损利，兄动克财也。此六亲之克象也。

此言忌神被克而吉，用神被克而凶。相克之理，推之人事而合也。

以五行之象而分六亲，以生克之理而筹庶务，事无遁情矣。

六亲推自五行，万事推之六亲，各有所用也。

六神章第七

兽乃将之名，神乃帝之佐也。

古以鸟兽名官，不言将而言神，以其妙用无穷也。

盖有司月司日之将，亦有司时司贵之神，权有重轻，而司日月者为要。

司日，即甲乙起青龙，丙丁起朱雀，戊日起勾陈，己日起螣蛇，庚辛起白虎，壬癸起元武；司月，即龙在寅方虎在申，正从丑上起勾陈，朱雀巳宫元武亥，惟有螣蛇辰逆行；司时，即时建六神，以五子遁法，时遇甲乙即起青龙，时遇庚辛即起白虎，设如甲子日寅时占，而五子遁法，时当丙寅，即初爻起朱雀是也；司贵，即随贵人之六神，其法起贵人、螣蛇、朱雀、六合，勾陈、青龙、空亡、白虎、太常、元武、太阴、天后，盖阳贵顺行，阴贵逆行也，设如辛未日辰时占，则寅上起贵人，未乃青龙，酉乃白虎。此四者名同而用异，卜筮必以日月六神为重。

勾陈之象，实名麒麟，位居中央，权司戊日，盖仁兽而以土德为治也。

勾陈实乃吉神，麟趾不践生草，不履生虫，其行多迟，配土德，敦信而为用也。

螣蛇之将，职附勾陈，游巡于前，权司己日，盖火神而配土德以行也。

螣蛇之官，游巡帝前，属火而性多不测，情尚虚浮，位在戊下司己，故复属土，使臣也。

青龙之神，左居东方，权司甲乙，而主文事，以木德为化；白虎之杀，右居西文，权司庚辛，而制武备，以金德为刑。

青龙位帝之左，文臣也；白虎位帝之右，武臣也。

朱雀舞端门，南方司丙丁，而主封章弹谏文学，以火为德；元武从帝座，北方司壬癸，而主计谋筹画机巧，以水为德。

朱雀位帝之前，谏臣也；元武位帝之后，谋臣也，盖子为帝座，午为端门。

六神之设，各有攸司，吉凶善恶，以用而迁。

言所司各吉凶，凡雀司言，武司计，龙司生，虎司杀，勾司实，蛇司虚。

夫万物之情，与类相亲，亲其所同恤也。非其类则不亲，不亲其所相恶也。以仁为体，不处残刃之乡，故龙避金爻也；以杀为威，当亲礼让之地，虎伏火爻也；明智则胜人之争，水以制雀也；笃信则化物之狡，土以制武也。

青龙为仁，金克木则吉而不吉，白虎为杀，火克金则凶而不凶。元武为水智，能胜朱雀之争，勾陈为土信，能制元武之狡，此复以物情推之而合也。

故六神吉者，喜生、喜助、喜动、喜持世；六神凶者，宜制、宜化、宜散、宜逢空。复加于六亲好恶，而悔吝自昭。

以六神参于六亲，则吉凶悔吝，昭然不爽。

其大六神将，以周正为法，而先天分位之龙起子，虎起午，朱雀以卯，出自离门，元武以酉，出自坎座，勾陈督文事而顺游，螣蛇由武备而分狩。

大六神法，因周正建子，以先天位分之，故青龙从先天神位，则自子上顺行，白虎从先天乾位，则自午上顺行，朱雀从先天离位，则自卯上顺行，元武从先天坎位，则自酉上顺行，勾陈黄帝之命，六神之宰，从亥顺行，督从青龙而巡，螣蛇为游神，由白虎午上相分逆行以狩四方也。

司日之将，法天五运，司月之神，行地六气。

日建六神，皆起天干，月建六神，皆起地支。

犹有司时六神，其则如日；司贵六神，其则如星。凡星宿之光，不及于日月；时辰之力，不敌于春秋。故曰日月六神为要也。

时神亦起天干，贵人亦从贵人星而起。星宿之光不大，时辰之权不永，安能如日月六神乎？

世应章第八

刚柔磨而卦立，上下荡而易成，易章成而世应出矣。

易章谓乾为天，至雷泽归妹之章。

盖世应出于三才始备之际，非易成而后有也，然成易而有名焉。

世应事物之主宰，三画始备三才，以四象生成八卦之时，则第三画即三才始备之爻，因名之应；复以八生十六成八纯之际，则第三画乃纯之第六画，亦三才始备之爻，因名之世，然世六而应三者，以三成才而六成体也。以体言象，以世言法，故从世爻上下循环，则世应出于成卦之时，非有于易章之后也。

故八纯六世，八生十六之因也；三应，四生八之由也。重之为六，故世居六；不重则三，故应居三，世犹身，应犹物也。

六者体象既成，专言之而为身，三者卦爻未备，概言之而为物也。

顺而行之，推而广之，以易章而次第之，循环已终，逆顺反止。

白乾六世，姤一世，遁二世，否三世，观四世，剥五世，乃谓顺行推广，次第循环，至五而终；终而始，顺而逆，故晋四世，大有三世，乃复还三才始备之爻，所以世应从此而止。

至归魂而变化之道复，及游魂而上下之理迁，皆非人力所能为也。

自八纯六世三应，及归魂三世六应，变化之道，于此以极，顺逆之理，于此以终；自五世剥至四世晋，逆而不顺，下而不上，恒常之理，于此以迁，皆有自然之道，故占者遇游魂主变，遇归魂主复也。

五星降位，乾六世而起镇星。土，万物之母也；一世继于太白，二世继于太阴。太阴继岁星，岁星继荧惑，荧惑复继镇，而生生相续，以循震坎艮坤巽离兑归妹，而岁星终焉。

乾卦壬戌持世，坤卦癸酉持世，皆纳干支之法，然五星二十八宿之持世，卜筮未考。汉京房以土镇星降次于纯乾六爻，土乃万物之母，因以土星为始；土生金，则姤卦辛丑，降次太白；金木生水，则遁卦丙午，降次太阴；水生木，则否卦乙卯，降次岁星；木生火，则观之辛未，降次荧惑；火生土，则剥之丙子，复降次镇星；土生金，则晋己酉，复降次太白；金生水，则大有甲辰，复降次太阴；水生木，则震之庚戌，降次岁星，生生不息。震宫生坎宫，坎宫生艮宫，艮宫生坤宫，坤宫生巽宫，巽宫生离宫，离宫生兑宫，及归妹丁丑而岁星终焉。

盖不言水而言太阴者，太阴，水之精也；不言太阳，而言荧惑者，太阳，则日辰之权也，京子之传，岂有谬乎？然五星灾祥之现，现于特变者也。

日为君主，故不同列，而以荧惑代之，其吉凶之应，必以独发，然后配事为验。

镇星主安，则司城郭屋室土地泰康之事，而不可以越为；太白主兵，则司于戈矛威武刑杀绝灭忧丧之事，而不可以居。且其色光芒，其性锋利。

土星特现，凡事皆吉，但只宜守信，不可妄为；金星特现，主兵丧，若值白虎官鬼有凶，临青龙子孙无咎。

荧惑火星，伏馀不测，亦司文章之事，而他遇者凶，若见太阳，其光熄矣；太阴主慈慧，配圣母之德，惟司赦宥之事，若临咸池，其德败矣；岁星则主万物，遇吉则吉，遇凶则凶。

火星唯司文章，余皆凶，若遇日辰克之则无患，占宅与火鬼同发者，主回禄；水星特现，凡事消释，咸池临之，则主淫乐致凶也。

经星聚世，参宿起乾。实沈晋地，乃乾之方。男从父，女从母，而例之，盖天星各有所司也。

参星在实沈之分，晋地为中原之西北，故参星降起乾卦六爻，以乾震坎艮坤巽离兑为次，顺布六十四卦之世爻，此京夫子之传也。

有以乾巽角、坎离斗、艮坤奎、震兑井、八纯闰归魂之宿，先世应，而自外以布至内，则三百八十四爻，各有一星司之矣，然祸福之兆，八于主象而兆也。

以乾世爻起角星，应爻是亢星，五爻氐星，初爻房星，四爻心星，二爻尾星，此乃先世应而后自外以布至内也；其姤卦世爻起亢星，应爻是氐星，二爻房星，六爻心星，三爻尾星，五爻箕星之法是也；大有世爻起斗星，坎卦世爻亦起斗星，归妹世爻起角星，乾卦世爻亦起角星，此乃八纯闰归魂之宿也；然归妹三爻角星，六爻亢星，初爻氐星，五爻房星，二爻心星，四爻尾星。盖世应之星，八纯归魂相同，而余星则异，此黄金策刘夫子之传也。

昏中为吉，旦中为凶，日躔其垣则善，月丽其次则祥，然曲尽傍通，存乎人尔。

昏中则星光故吉，旦中则星晦故凶，如今正月昏中乃胃星，二月中乃毕星，三井、四柳、五翌、六轸、七氐、八尾、九斗、十女、十一室、十二奎，遇此则吉，若日月临之，用神复值于其上，则尽善矣。盖尧时日短星昴，太阳出虚；今日短星毕，太阳出箕，天行日行有岁差，故今古不同。因略言之，然后世当随时而定。

是故随官入墓、助鬼伤身、合处逢冲，此占世之凶征也。

此三法皆从世爻而设，五星经星，又其次尔。

我求我得，不可世空，彼有彼来，岂宜应陷，破散有败亡之象，动冲为更变之端，变进神，少而成多，化退神，厚而反薄，三合无而生有，三刑强而自敝。

进神如物之长，退神如物之消，世如空者，日月动爻，三合拱而扶之，则过旬而有，世如动者，日月变爻，三会而刑之，则终及于敝。

若夫二势相胜，二事相交，二意相疑，则重于生克。传曰：一卦中间，主宰莫非乎世应，容可忽与？

彼我之势，不宜应克世，而宜世克应，彼我之交，不宜世生应，而宜应生世。凡值人己之占，最重生克之势。

身法章第九

身法有二：由卦而立，谓之卦身，曰月卦；由世而立，谓之世身，曰身居何爻；世身之法，必备于爻，卦身之法，或阙于卦。

其法始于复姤，谓一阳一阴之世，则为子午月卦，二阳二阴之世，则为丑未月卦，三阳三阴之世，则为寅申月卦，四阳四阴之世，则为卯酉月卦，五阳五阴之世，则为辰戌月卦，六阳六阴之世，则为巳亥月卦，即卦身是也；如乾六阳之世，卦身在巳，坤六阴之世，卦身在亥之法。子午之世，谓一阳一阴，则世身在初爻，丑未之世，谓二阳二阴，则世身在二爻，余以类推；如小畜子爻为世，故世身在初，大畜寅爻为世，故世身在三之类。

盖卦身者，卦之体也，则象人心之用焉，静则坦怀，合则适意，故见于卦，若体有所依，失其位，如心无所主。卦身者，事之主也，则兼彼己之用焉，己用则七，彼用亦三，故行人遇合当归，谋望遇合可就。

卦身为卦根事主，合有得见得成之象。

空破主犹豫进退之端，动冲应变更惶惑之义，不宜重见，则两从之念生，最忌冲亡，则千虑之智失。

卦身若遇空破发动暗冲，主身心二三，一卦两身有二心之象，动逢冲散有恍惚之嫌。

若夫世身之用，空主疑，动主乱，破主败，冲主变，散主失也。

世身唯避此五者，然可参看，不当泥也，若世爻旺相，此何伤乎？

凡看二身，先宜无病，然后以六亲六神星杀详之，功名仕宦，喜文画官鬼青龙朱雀贵人临之，而子孙勾陈为忌；财利经营，喜子孙妻财青龙天地财临之，而鬼兄白虎为忌；狱讼喜坐子孙，而鬼侵为忌；忧患恶临官鬼，而身空反安。

先贤身上临官不见官，疑未当，凡忧疑损害，则反以身空为吉。

大抵吉凶之应，世身之吉凶不若卦身之重也，卦身之吉凶不若世爻之重也，学者辨之。

吉凶征应，当以世爻先之，卦身次之，世身又次之。

间爻章第十

间乃中间，复名离间，是世应内之中爻，间离宾主者也。

如乾四五为间，复姤二三为间。盖世为主，应为宾，为此两爻相隔也。

时而为忌，于举动为阻滞，谋望为结碍，通问为断绝，交与为离间，从事为诽谤，征战为忽突，进取为摈隔，凡为我忌，宜静不宜动也。

法曰：世应当中两间爻，发动所求多阻隔是也，唯动则应焉。

时而为用，如婚姻为媒妁，词讼为中证，造作为匠工，家宅为窗牖，馆席为从学，身车为附载，胎产为收保，凡为我用，宜生助而不宜空破也。

生助有力，空破无功，近彼近我，占其所向。

然间值鬼爻，则忧生内，地如病居心腹，鬼犯明堂，修行而扰尘缘，处事而愠群小，值则已形，动则又甚。

间爻不宜临鬼又动也。

夫身世前后之爻，而云未来已往，初四之爻而云左右为邻，二五云君臣之象，初上云天地之分，三四云门户之司，重交云隐现之事，诸爻有用，况间爻之处中乎。

如六爻身世，初为前而五为后，初爻身世，二为前而六为后，以其进为将来，退为已往也。四爻为左邻前邻，初爻为右邻后邻，盖左与前同，右与后同也。五乃在上居中之爻，故曰君，二乃在下居中之爻，故曰臣，天地之大，不可以数拘，故有初上之名，而无一六六九之称也。三四乃内外出入交接之爻，故曰门户，交重乃阴阳之象，事已萌者为现，未萌者为隐，阳现而阴隐也。易云占事知来，卦画重主已往之说，亦言已萌，而未言已过也。诸爻俱因象为用，况间爻备事物之象，其可遗乎？

校正全本易冒卷之二

变互章第十一

老阴之为少阳曰变，老阳之为少阴曰化。盖变者如物消而长，退而进，夜而昼也；化者犹物成而败，上而下，中而晏也，变变化化之以名焉。

交为老阴，变而成单，六变七也；重为老阳，化而成拆，尤化八也。

以七八九六言之，则有消长成败进退昼夜之象；以喜忌言之，则有生克往来日月破败之分也。

易以奇偶老少著象，卜则专以用神察变爻而定吉凶。

上下皆少，勿以暗动而言变，内外有老，勿以宗庙天爻而不之。

易云：老变而少不变，爻非六九，皆不变也。易有用九用六，则爻爻可变，岂以宗庙天爻而不变乎？俗传暗动亦变，上爻虽动不变，皆误也，特为正之。

夫占先求用神，用神衰旺，初观动爻之喜忌，动爻衰旺，再观变爻之喜忌。

若用爻衰，即观动爻，来生则喜，来克则忌，动爻之衰旺，再观其所变，如午建壬戌日占财，得困之坎，木死于午，亥子元神衰弱，本不为吉，不知亥化长生，元神反为有力，后果得利。

再观他动爻之喜忌，再观他动变爻之喜忌。

他动爻与他动变爻，是我喜者，喜其生旺，是我忌者，喜其衰囚，如未建壬申日占兄弟病，得同人之旅，卯爻元神生用，本无伤害，然申爻克我卯爻元神，后至酉月丁亥日，其病不治，此他动爻之喜忌也。如戌建庚戌日占官，得剥之渐，子动生卯，卯动生巳火官星，宜应升迁，谁知子化巳绝，不能生卯，卯化申绝，不能生巳，巳官入墓，后逢亥令解组，此他动变爻之喜忌也。

生生克克，当明中有破散而生不相续者，中有制伏而克不相继者，中有暗动爻以绵其生者，故虽诸爻乱动，以用神求之，则一贯矣。

如申建酉日用财，而遇丰之萃，申亥卯动，生生于午矣，中有卯被酉散，不续其生，反亲其克是也，酉月破卯亦然；设如寅建未日用官，遇临之蛊，巳日酉动，生生来克于卯矣，中有丑被未散，而酉反被巳制，不续其克，反得其用是也，酉爻破散亦然；如戌建辰日用兄弟，而得乾之家人，寅午忌仇皆动，并力来克，中有戌爻暗动而绵其生也。

用神变生而吉，变克而凶，易见之理也。用神绝而适逢动生，生爻又变，不可不察也。六爻皆动，则六爻皆察其变，变爻之力，岂不参于日月乎？

爻爻有变，爻爻当察，一以用忌元仇及泄气参之。

虽然惟日月能制变爻，变爻未能制日月也，然日月克我，变爻来生，犹绝处逢生也，而变爻不能避于旬空月破，故变爻弗及日月也；动爻不能避于化冲变绝，故动爻弗及变爻也。卜筮之道，日月为重，动变次焉。

如亥日月用世爻，遇遁之乾，是日月克我，变寅生我，谓之绝处逢生，或在申月，或当辰旬，则所变寅木遭月破旬空，不能生矣。

虽然有爻变，有卦变，六合之卦，谋事必成，若化六冲，则无终也。伏吟反吟，生克墓绝，皆卦变也，容可忽乎？

义例俱详后章。

夫卦变之中，且有互焉。互，交互也，中四爻之扭也。有变先以之成内，正成外，无变则以悔成内，贞成外者，何也？筮得其动，则易之情现乎动，故先之，不动则易之情，备在贞悔，故从之。

有变爻，即以变卦二三四爻为内卦，以本卦三四五爻为外卦；无变爻，即以二三四爻为内，扭悔一爻而成贞，以三四五爻为外，扭贞一爻而成悔。

互之为法，因飞伏变卦之内无用神而后求也，取其互体配之六亲，究生克于日月动爻之中，而吉凶见焉。

戊申日占子病得晋之剥，飞伏变象皆无用神，互比外见坎水为子，动爻生之，后至亥令而痊，若五月占坎子当破，甲寅旬占坎子当空，虽互见无用也。

故互象虽轻，理之所有，别传所列对卦、交卦、反卦、倒卦之例者，均无取焉。

如天风姤与地雷复为对，如巽卦与睽卦为交，如屯卦与蒙卦为反，如讼卦与需卦为倒，此无当于义理也，皆删之。

飞伏章第十二

飞伏之法，意在用爻，筮而无用则求之，筮而有用亦察之。

飞伏，谓飞象无用神，而求伏象用神，然或飞象有用神而衰绝，亦察之伏中，如子建戊寅日占官得困之兑，飞象午官临身为用，当子月无用矣，谁知世下巳官，伏神长生，孟春反应迁级也。

当先究飞上之用神有病无病，而后求伏下之用神有用无用，何谓之飞，变而游于上下，何谓之伏，从而互于阴阳。

自十六变章循环游于上下，游魂四世而出，归魂三世而返，阴阳相互，前后相从，故天地雷风水火山泽互为飞伏，如乾伏坤，坤伏乾是也；由一世及五世，相从相包，故皆以本宫为伏，如姤遁否观剥伏乾是也；游魂游出他宫，变自五世，故外伏五世之外卦，从也，内伏两仪之内卦，互也，如火地晋伏山天大畜，外从艮，内互乾之义。归妹归入本宫，故内以两仪之伏，外以本宫之伏，如火天大有伏天地否，内互伏坤，外从伏乾之义，他卦仿此。

其所谓专主者，乃世下爻也，动下爻也。动下伏爻，力不及世下伏爻之半矣；静下伏爻，力又不及动下伏爻之半矣。

法云：六爻皆有飞伏神，惟有世下一爻为最要。盖飞犹动也，吉凶悔吝生乎动，是以动下伏神亦有取尔。

是以定吉凶者在乎时，分轻重者存乎力，有伏而出，有伏而不出，当研之也。

时谓日月也，力谓得日月生扶也。

所谓飞生之伏、飞助之伏、飞空之伏，及伏克飞，四者谓之出也。

飞来生伏，谓飞生之伏；飞伏比和，谓飞助之伏；飞值旬空，伏爻易出，谓飞空之伏，倘飞爻旬空而遇日冲，全实者不露，不全实者少露也；伏克飞爻，不拘飞破死墓，此四伏能出也。

其有飞克之伏、飞破之伏、飞散之伏，及伏绝飞，四者谓之不出也，此皆以静爻言也。

飞来克伏，谓飞克之伏；飞爻月破，谓飞破之伏；飞爻休冲为静散，谓飞散之伏；伏爻绝于飞爻，虽飞生伏，伏克飞者，亦谓之伏绝飞，此四伏不能出也。

若世与动爻之下者，惟飞克伏、伏绝飞二端不出，余皆得出也。尚有伏爻空破，虽能出而实不出，如伏爻日月虽不出而同出也。

此言伏出之全半，伏爻自遇空破，犹物已敝，纵值莫起，若旺相空亡，过旬复出，若伏爻临于日月，虽处四等不能出之伏，而日月高悬，势同出也。

是故其一世下伏，其二动下伏，其三静下伏，各有强弱，用既出矣，则所应灾祥悔吝与飞神类焉。然而用伏不及飞，用日月悬虚，不及伏实也，学者辨之。

反伏章第十三

冲击悖违，谓之反吟，神惑气分，谓之伏吟，盖六九之贞悔则是，七八之贞悔则非，唯动则变，变则反伏兆焉。

化冲曰反吟，化去曰伏吟，皆以卦有交重而成，彼静配反伏者误也。

反吟视伏较重，然有卦反爻反之别，真伪轻重之分。

用地禄诀：戌亥乾，冲辰巳巽，未申坤，冲丑寅艮，卯震酉兑，子坎午离相冲也，如乾化巽，巽变乾，坎化离，离变坎，谦之剥，剥之谦，归妹之随，随之归妹，同人之涣，涣之同人，师之贲，贲之师，此内外反吟也，余卦仿此；如大有之鼎，此内反吟也；如大过之，此外反吟也，余卦仿此。

日月从往，空破从来则非。

凡所得卦属，或临日月，所变卦属，或值空破，是日月乃从所往，空破乃从所来，亦非真反吟也，如戌建或亥日，遇乾之巽，此日月从往，午建或甲寅旬遇离之坎，此空破从来之类是也。

空破从往，日月从来则重。

凡卦值空破，而化反吟，卦变日月则凶，以先自坏复被冲也，如兑之震，遇卯日月，及在甲戌旬之类是也。

半从往半从来则轻，此所谓卦反也。

有一半值空破，一半值日月，则半凶而轻也，如未建坤之艮，或甲戌旬艮之坤类是也。

爻反者，日月在动，空破在变则非。

此言爻神反吟，凡日月在动爻，或空破在变爻，非真反也，如巳化亥爻为反吟，倘遇甲子旬，及遇巳日月则非也。

空破在动，日月在变则重。

先空破而化日月则凶，如卯化酉爻，倘遇甲辰旬及遇酉日月则凶是也，盖日月如天，诸爻莫敢当，空破如病，诸爻莫能支尔。

动爻冲散，虽变空休亦重，此所谓爻反也。

若动爻与卦内动爻自相冲散，虽化旬空休囚之反吟，亦凶而无用也，如寅建甲子日占母病，得坤之巽，卦中巳父先与亥财冲散，化亥反吟，纵空而亦不救也，后验，况休囚之爻乎。

邦畿国祚，内反吟而社稷摇，外反吟而人民乱；出师征伐，内忌而外喜也；卜旧住，内卦现而有非常；迁居，外卦兴而生不测；入宅，反吟在内，则居宅不宁，反吟在外，则诸人失利；与人斗者，内反而我受伤，外反而彼遭辱；缉捕，以内为亡，遇则我生事绊，以外为逃，逢则彼触网罗；疾病，而主属恰逢反吟者大凶。

主属即乾父坤母，震长男，巽长女，坎中男，离中女，艮少男，兑少女是也。如寅建癸酉日，占长子病，遇震之兑，子遇长生，本主无事，兑乃反吟，后仲伏而卒，不论其用也；如坤艮皆土应相助，然寅申丑未相冲，有不利少男老母之象，不论其助也。大凡爻之反吟，用神遇之而凶，卦之反吟，有忌不忌。

伏吟之法，止以乾震交互而名也。夫以八卦言，则乾克震，以主属言，则长男伏吟，以木言，则养戌生亥，各有轻重之戒。日月在卯，则震往不成咎，日月戌亥，则乾往不罗凶，亦有真伪之分也。

乾之所纳，子寅辰午申戌，震纳甲亦同，故谓之伏，然无卦爻之别，日月不可摇易，故分贰纵伏，弗成凶咎。

筮长男身命，得豫之否而后为君戮，以震受乾克也；筮老父疾病，得乾之震随亡，以乾化神忐也。此外唯国事、征伐、住基三者忌之，俗传八纯为伏吟，未济既济为反吟者，岂通人之论哉。

吉凶生于动，动则变，而后反伏以分，古有化反吟伏吟，无配反吟伏吟也。

归游章第十四

自他宫而入曰归魂，自亲宫而出曰游魂，是往返之卦也，吉凶大旨，不系于斯，惟世为用者则参观焉。

魂犹神也，归游之本，从世而来，因变以立。

我止欲久，游魂则不久，我行欲出，归魂则不出，彼留可常，游魂则不常，彼往可必，归魂则难必也。夫游魂之为象也，变迁而不恒，惶惑而不定；归魂之为象也，忐忑而不正，拘泥而不行焉。

故先贤曰归魂不出疆，游魂心不定。

于坟墓曰亡，于身形曰心，于疾病曰神，于神像曰灵；游魂主动而归魂主静，亦随卦爻之喜忌而断之，不可执也。

占坟墓，游魂则亡者未安，归魂则亡者入室，京夫子所谓游魂归魂为鬼易是也。

升降章第十五

升，犹生也，长也，进也，来也；降，犹死也，消也，退也，往也。天地之间，惟阴阳之消长，六合之内，惟六气之往来也。是故一阳升则六阴降，从复左旋于乾也；一阴长则六阳消，从姤右旋于坤也。

自震而履离兑以至于乾为左旋，自巽而履坎艮以至于坤为右旋，则乾兑离震巽坎艮坤为次而易立焉，详见成卦篇。

三才由此而备，万物自斯而成，无不由乎四象六爻，上下往来之中，以复言之，其初为升爻，其上为降爻，若二月占之，则四爻阳为升，三爻阴是降也。盖升降务以占时言，毋以卦体言也。

卦体升降，如复一阳升六阴降则是矣，然升降之法，取用占时，设如春分后占，乃四阳升，三阴降之时也，即以所占之卦，凡逢四爻为升爻，三爻为降爻，但四爻若属阳爻，则为真升，三爻若属阴爻，则为真降，反之则非。复卦可玩，余皆仿此。

期日卦爻，以谓冬至法颐六四者，而震兑坎离，弗能均布其中，因莫于升降之外也。

其法以冬至日起山雷颐之六四，一日行一爻，一月行五卦，一年共六十卦，而震兑坎离，加于二至二分之时，弗能自然，故莫于升降之外，独河洛变数理贵之，凡正月小过蒙益渐泰，二月需随晋解大壮，三月豫讼蛊革夬，四月履师比小畜乾，五月大有家人井咸姤，六月鼎丰涣旅遁，七月同人节恒损否，八月巽萃大畜贲观，九月归妹无妄明夷困剥，十月艮既济噬嗑大过坤，十一月未济蹇颐中孚复，十二月屯谦睽升临，如此序尔。

盖用神居升，则月大而月新，用神居降则月消而月削也。是故升降之法，兼参用神衰旺，亦未可执一而论也。

升降不及进退之力，又必看用神旺相，升而更吉，用神休囚，降而更凶，不可执升降以定旺衰也。

进退章第十六

吾闻天道一日一週，而黄道日不及天之一度，顺轮而前者谓之进神，逆轮而后者谓之退神，是以亥变子而前进，未变辰而退后也。

进神右顺行西，退神左逆行东。

同行之化，则有进退，异行之变，则惟生克。是以申变未而为生，丑变卯而为死，岂以进退言哉。

同行，五行同类论进退，不同类论生克。

夫进神之法有三：一曰大进，二曰不进，三曰不能进。盖动旺相而变日月，乘势得位，谓之大进；动日月而变空破，无阶无路，谓之不进；动破散而变日月，我位既失，何以得前，谓之不能进。

如午建甲戌日用官，得革之同人，未变戌者是大进，未已旺相，戌乃日建，此动相而变日也；卯建庚申日用父，得丰之革，申变酉者是不进，申乃日辰，酉已月破，此动日而变破也；申建癸卯日用子，得屯之节，寅变卯者是不能进，寅已月破，卯虽日辰，此动破而变日也。

退神之法亦有三：一曰实退，二曰不退，三曰不及退。盖动休囚而变休囚，是乃从流忘返，谓之实退；动日月而变空破，我德克备，谓之不退；动破散而变日月，溃败难收，咨嗟何及，安能退哉，谓之不及退。

如午建辛巳日用财，得兑之随，卯爻休囚，化寅又休囚，是休囚而变休囚，乃为实退；寅建丙戌日用父，得乾之夬，戌乃日辰，物无可伤，虽化未空，亦不退也；申建癸卯日用兄弟，得兑之丰，酉已冲散，物不能扶，虽变申为月建，亦不及退也。

凡进以成得，退以败失，用神成败，吉凶分焉；元忌旺衰，灾祥见焉。化进有日昌之势，乃功名得志，身命荣昌，嫁娶财求，往而遂意，若忌神遇之，则忧方大尔；化退有道消之嫌，然灾祸渐弭，讼衰病退，寇贼无侵，若用神遇之，则未易得志也。

用神元神欲其进，忌神仇神欲其退。

故进而得日月生扶，其力愈盛，退而得日月制服，其气愈衰，盛衰以时，从舍以类，而吉凶尽矣。

既审进退，兼参日月，而旺衰益见。

有无章第十七

易法之要，其在用爻，然当辨本无而有，本有而无之义，始为无惑。

俗学但以用爻上卦为有，不上卦为无，岂能通微刻验。

本无而有者，其法有三：六爻无用而用藏伏爻，遇生扶于世动之下者，一也；伏受空破，或遭制克，而察日月临用神之上者，二也；日月飞伏总无，而互卦变爻之间，用神一逢生旺，三也。

一飞无而伏有，一飞无而日月有，一飞伏日月无而互变有，飞重于伏，伏重于日月，变重于互也。

本有而无者，其法亦三：用虽上卦，正值月破，一也；死绝无救，衰遇旬空，二也；发动交伤，日月互克，三也。

此皆用神受伤也，然当权其浅深轻重。

自无而有者，来事喜之，去事畏之；自有而无者，退事宜之，进事恶之。

专分用忌为好恶，各以类推得之。

自无而有者，功名荣禄，意外遭逢，财利子嗣，晚年忽遇，而官非灾盗，亦起无端；自有而无者，反此推之。凡推用神，虽遇动现独发，若不逢旺相及有制无救，均为无气之占，学者审之。

本有而无，本无而有，皆非常占。盖人事之变，鬼神之不测两有之，非深思曲晰，未易得趋避之正也。

墓绝章第十八

爻有生旺墓绝，卦亦有之，卦之为用，反胜于爻，盖卦包爻外，大象既凶，而不及小吉也。

此专言卦体墓绝也。

卦莫凶于墓绝，或墓冲绝破，或值空亡，则非真矣；或本卦临日月，亦非墓绝，如离变乾为墓绝，若午日月或甲子旬，是伪非真，若逢日月填实其乾，则为凶象矣。又有墓而不绝，绝而不墓，均非真也。

此辩墓绝真伪也，如墓绝遇空破非真，日月填实则真，墓绝一缺非是。

墓绝之用，唯国事、出师、身命、住基、疾病五者之忌也。国占岂曰灵长，师占我军或溃，身命疾病，主属而凶，守不利内，迁不利外也。

卦化墓绝，诸占不宜，而五者尤凶。

墓绝之外，空破当参，内卦空破，不利旧居，外卦空破，岂宜新宅，空谓之多虚，破谓之少气，国事出师，皆非宜也。

空破稍轻于墓绝，唯疾病不忌。

是以八卦之化惟五，五行之化乃十二，是故坎化坤为克，水则养生，震化坎为生，木则言败，此八卦五行之分者，类此推之。

唯五，金木水火土也；十二，长生、沐浴、冠带、临官、帝旺、衰、病、死、墓、绝、胎、养也。

卦候章第十九

夫五行以旺相休囚死之分，复有长生、沐浴、冠带、临官、帝旺、衰、病、死、墓、绝、胎、养之义，而八卦岂无旺、相、胎、没、死、囚、休、废之用哉！然以月令言，毋以日时言也。

八卦旺相休废之法，诀云：立春归艮土，春分震木齐。立夏时当巽，夏至本寻离。立秋坤土主，秋分兑泽奇。立冬乾旺处，冬至坎方宜。当权八卦临八节，逐卦循环细细推。

阳之生也，气有十二，阴之生也，亦气有十二，阳之候三十有六，阴之候亦三十有六，是以岁有七十二候也。

阳生候十二气，如冬至、小寒、大寒、立春、雨水、惊蛰、春分、清明、谷雨、立夏、小满、芒种。阴生候十二气，夏至、小暑、大暑、立秋、处暑、白露、秋分、寒露、霜降、立冬、小雪、大雪。一气三候，阴阳各三十有六，合得七十二候为岁。

冬至坎旺而艮相，春分震旺而巽相，夏至离旺而坤相，秋分兑旺而乾相，卦旺三气，亦有一候之余旺，支司六候，亦有一候之先司。

如立春艮旺，至春分后艮尚旺五日，未即废也。支神主一月之权，如巳司六候，而未及巳五日，其巳已得气，盖余寒兆暑之义。

夫一阴一阳，生子午之半者，南极北极之道，穷而复返也。

日行南极，冬至而还北，日行北极，夏至而还南；还北，则日轮之行舒，而日加长，还南，则日轮之行疾，而日渐短，惟二分日行赤道，乃得其中，故以冬至方旺于坎，夏至方旺于离，盖震兑得东西之经，坎离得穷返之理，自然之妙也。

故冬至始起于坎，而旺相胎没死囚休废，终止乎乾，则坎艮旺相三气，谓旬空而弗空也，震巽胎没三气，谓囚而不囚也。

如冬至后坎旺艮相，丑建甲寅旬筮坎，则过旬弗空，复如丑建得震巽，则言胎没之卦，而弗为克我者囚也。

盖旺相胎没，或当日之冲而不云冲，死囚休废，或当日之建而不云建，此卦候不与爻神同也，然其所用独以邦畿住宅为先要焉。

若震值旺，遇酉日而不为日破，仍论其旺相，坎值死，遇子日而不为日建，仍论其死囚，以卦候司四十五日，所概远也。

干化章第二十

天干曰五运，地支曰六气，是以能成四时而造万物也。五运施之，六气成之，运，施未形，气，分有迹，是以浑天甲子，配才官父兄子于地支，而不及天干也。

干以气化，支以形化，卜重地支，亦有参用天干者。

然则天干无所用乎？圣人纳甲，支干同纳，干以干取，支以支求，卦无用爻，而遇动象上之天干，与日月之天干，亦合化而为用，但化用而逢日月动变生扶则有，克破则无。

如辛卯年丙申月丙子日，占子存亡，得观之萃，以为子孙不现，乃应凶象，而不知丙辛化水，后及亥月甲辰日，乃申子辰会成水局，亥月值于所变之亥，子孙反得平安而归，则五化之验如此。

化用之吉，求名求利，意外可成，捕逃不获而自见，索负失望而复全，避患化官，恐遭不测之殃，虑讼化鬼，倘犯无端之寡，此其象也。

十化吉凶，俱当得之意外。

五化之法，亦有由来，五虫之变化者，莫变化于龙，故经云逢龙则化也；五遁甲子，甲己化戊而成土也，乙庚化庚而成金也，丙辛化壬而成水也，丁壬化甲而成木也，戊癸化丙而成火也，龙阳物，五化皆阳也，故天干以运化成物，地支以气变应事，干支岂可失一哉。

逢辰则化，如甲己遁丙寅，戊辰乃龙，因化土也，乙庚遁戊寅，庚辰乃龙，后仿此。

一动为法，再动次之，日干为法，月干次之，六气用常，五运用特。

特，独发也，独发与日干化合为要，然必因飞伏无用爻，而后求此法也，两动，偶一用之，不可恃也。

校正全本易冒卷之三

岁君章第二十一

夫蕴周天之用，司六气之柄，继寒暑，分春秋，惟太岁主之，有君道焉？

周天，谓黄道传次十二神，继三百六十五度二十四分二十五秒之数。六气，阴阳六气。

其权则大而久，静而尊，若以定悔吝吉凶，则有其位而未亲其司也。

其吉凶之应，生克冲合，皆不及日月，谓其尊而不亲，高而难仰也。

是故与爻神冲，谓岁破而不破，与爻神合，谓岁援而不援，生而不即生，伤而不即伤，空则可空，破则可破。

太岁与爻神相冲，但名岁破，若克爻神，但名岁克，值鬼但名岁鬼，未即为凶，故太岁在旬空则空之，在月破则破之。

国占而现，喜静旺，忌破绝，无现则专论五爻，岁时降鬼而为海内殃，降福而为天下康。

太岁现为君象，不现，则但以五爻为朝廷，太岁值鬼，九州灾厄，太岁值福，四海泰康。

身命福持而生平安乐，家宅鬼会而岁月迍邅，仕宦则职崇台阁，词讼则事渎宪司，事干朝廷，喜生合世爻，忌冲克身象。

凡上疏面圣请封等事，皆喜太岁生合世爻，则上合君心，太岁冲身象，则忧严谴。

月将章第二十二

夫天地变化，阴阳消长，往来寒暑，各有其时，谓之曰令，则五行万物，皆从令而生杀，月将得无权乎？

记曰：月建乃万卜之提纲；补遗曰：月将出令于三旬，往来咸服。盖能令则为权，故令于水则寒，令于火则暑，令于春则生，令于秋则杀。

凡爻神值此，破而不破，伤而不伤，卦中无而若有，爻内绝而不绝，动逢冲而不散，旬逢空而不陷，用神遇此而吉，忌神遇此而凶。

凡爻神若值月将，纵遇变冲动冲日冲岁冲，皆不为破，或动爻变日辰克之不为伤；倘卦中飞伏如无用神，而月建值用则有。忌神若动于卦内，则踰月而方毙，元神若动于卦内，则当月而呈祥。

惟日辰能以相胜，后时能以相敌，盖物穷则变，器满则倾之义。

日月之力相较，若月克日生，吉得十之八，日克月生，吉得十之七，日散月破而不相救也。夫用占后时，以后来得事之月为凭，如亥建丙寅日占考秩得萃，官临月破，本不为吉，而在次年孟夏方考，反为月建官爻，得上上卷。

其为力也，能裁制旺相发动及变伏互之神；其为权也，岁君亦弗夺之。

日主章第二十三

夫周天包四时之成，立二至二分之节，荡磨六气之消长，非独赤道如是焉，盖日行黄道，昼夜之内，亦一周天，日主得无权欤？

赤道，即天度也，天无形，以经星为形，阴阳寒暑，虽周天所包，而一昼夜之间，天一周，经星亦一周而缩，日行一周而又缩，日与月会，计二万九千五百三十零五十九秒三微之数，以月犹不及日十三度七之一，所以日主之权，得中道而无所不赖也。

故日主所临，莫能破之。莫能空之，莫能散之。如金如刚，孰之能伤。用神遇之，谓之尽善。忌动何忧，仇动何虑。惟月将则敓其所司，他时则夺其所持，屈伸之义如此。

用临日主出现卦中，忌神仇神发动，皆不为害，月将亦不能克，惟日主为元神生用，若月将为忌克用，则夺其权十分之二；若得事他日，即以他日为主，如辰建甲寅日占会得师，午财生寅当得，而在癸亥日摇会，火绝于亥反不得也，此屈伸之义。

故与日月配爻象，月将则先从五法而后从十二法，日主则专务长生沐浴之法，是以日惟散，月惟破，日重绝，月重克，日有随墓，月无助伤，占者宁不以日主为先也？

若以日月配爻象，用神投月将，则先论旺相休囚死，后论长生沐浴冠带临官帝旺衰病死墓绝胎养之法，如土爻用神，遇于巳月应相，其绝则轻，虽不可谓无绝，相与绝较，得相犹十之七，如遇申月其土则休，以生较休，得生犹十之七也。若日辰之生绝则独重，金遇巳而生者十之九，土遇巳而绝者十之九，唯以长生十二法而定衰旺。

时辰章第二十四

时，由四时之相推而成年也；辰，犹五星之次编周天也。以昼夜效寒暑，以朝暮譬春秋，按六气成八刻，而呼吸之内，皆时辰所司也。

十二时为一日，三十日为一月，十二月为一年，三十年为一世，十二世为一运，三十运为一会，十二会为一元，计十二万九千六百之数也。但时刻改于须臾，迁于呼吸，其权司只在一日之内尔。

其要唯推长生十二法以应用神，然爻神与时冲合，则但有冲合之名，而无深中，能应日内之吉凶，弗应日外之休咎也。

如午建己巳日占临产，得姤之鼎，胎空身动，理应当日申时可育，谁知亥子绝于巳日，且实其空，至次日申时方产，可见先求日而后求时也。

是故其为力曰近、曰轻、曰小、曰速，其为象曰卑幼，故传曰：时辰司顷刻之权也。

月破章第二十五

物以时而消息，则五行之衰旺亦然。夫建为六气之正，破为六气之反，以用处正，名为月建，犹乘时而驾也；以用处反，名为月破，犹违时而庚也。

阳正阴反，阴正阳反，如巳月巳为六阳之正，则亥为六阴之反，于巳则得时，于亥则失时也。夫人生五行之中，不可违时，违时则困，是故君子审进退盈虚之理，兆如悔吝，宁守其困，卜如否臧，宁守其常，求如少遂，莫若待时，所谓居易以俟命也。若背而驰焉，躁而求焉，宁有幸乎？君子审于建破吉凶之象，而困亨之道得矣。

是以生之不长，扶之不起，实如虚，有如无，为我援而无赖，为我忌而弗伤，在伏则不露，在变则不权，名之曰破，而无所施用也。

爻神若逢月破，纵日辰动象变爻生之，亦不能昌，纵在变爻，不能生克动爻，主在伏象，不能现为卦象，乃失时无为之物也。

唯值日则能实其破，后时则能补其过，若与鬼动，吉而不吉，凶而愈凶，以白虎杀神加临尔。

大白虎为凶神，合官鬼动者，妄为肆暴，岂非殃乎？值日，如五月子日则谓实其破而不破，后来日辰遇子，亦谓实其破而不破，后来月建遇子，亦谓补其失而不破也。

旬空章第二十六

空亡之法，轻重有别，或年空，或月空，或日空，或时空，未可概用，惟旬中空为重焉。

年月时空存其名，独日辰旬空为真。年旬空偶一考之，如己亥生人，自筮寿命，于己未年寅建癸亥日得大畜，当推其七十戊申，乃甲辰旬空寅卯之类是也。

旬空之法，当审建空、动空、填空、旺空、相空之义，半空、援空、安空之法。

月建值空，谓建空，犹不空，反有用也；动爻值空，谓动空，不惟不空，反为动也，若日辰来冲，又不为散，反为全动，以其空逢冲实而复动焉；空爻遇冲为填空，若有旺相生扶，乃为填实，若遇休囚伤克，乃谓不全填实也；旺相之爻值空，为旺相空，必以日辰参之，若日辰亦生扶，乃谓真旺相空，若日辰克之，即为克空，若日辰泄其气，即为半空，此皆空而有用也。半空即上文所言；动爻日辰来生空爻，乃谓援空；日月动爻皆不来克空爻，乃谓安空，此皆空而不死也。

破空、绝空、真空、克空、伤空之戒，凡十有三法，此旬空之秘也，然后分好恶轻重而考其吉凶焉。

月破值空，谓破空；绝于月为绝空；春土夏金秋是木，三冬知火是真空，若辰戌丑未月，又以水为真空，盖月建来克，便为真空。所以破绝真空，皆系于月建之上，得一日辰或动爻来生，即成克空，轻于此也；如日辰动爻或一来克，即谓伤空，重于此也，是皆所戒之空尔。大抵旬空秘要，在日月动三象考求，日月为最，动爻次之，兑倍生扶则重，生扶倍克则轻也。

是以空于忌则吉，空于用则凶，故求事之成，财之得者，不可遇之；欲其来，求其有者，不可遇之；占久不可空，占在不可亡，此六者乃空于用也。

如谋望，世空，我求不遂，应空，彼意不偕之类。

凡事之将避焉，将弃焉，将脱焉，将绝焉，将欲其不在焉，此六者乃空于忌也。

如占避祸，鬼空则可避；如占脱役，鬼空则可脱之类。

盖空居变爻则无司，空在伏爻则不现。

变爻若空，不能生克动爻，故曰无司；伏神若空，不能透露卦象，故曰不现。

空居六亲称其用，空临六神较其事。

六亲，谓财官父兄子，补遗曰：财空富而厚，官空贵而不荣，子空儿女必伶仃，父空屋室还衰败，兄空则弟兄少力。法曰：青龙空亡怀虚喜，朱雀空亡讼自已，勾陈空亡田甚芜，腾蛇空亡妖不起，白虎空亡丧服橐，元武空亡盗贼弭。

世应空而分彼我之求，内外空而分新旧之基，间身空而分人己，阴阳空而分男女，出现伏藏空而分远近，五行旬空之则，是学易之模范也。

中人强弱忌间空，祸己有无喜身空，男人阳空则弗出，女人阴空则防疾，非谓男女空而弗分阴阳也。近事忌出现空，远事忌伏藏空，非谓出现空而伏藏不空也。

日冲章第二十七

日冲安旺之爻为暗动，日冲静衰之爻谓暗破，空爻遇冲谓之实，动爻遇冲谓之散，凡有四法，此日冲之要理也。

如辰建卯日，坤酉子孙，谓之暗动，即半动矣；如午建酉日，离卯父爻，谓之暗破，即半碎矣；如午建戌辰日，乾戌世空，谓之全实；亥建戌子日，艮午父空，谓之半实也。如动爻遇日辰相冲，苟非月建，则谓之散，及动化冲亦散，或他爻发动来冲，若彼强我弱皆散。夫散，犹空也，则全无矣，纵有生扶，不可救药。

其为墓冲、胎冲、克冲、绝冲，亦有四法，此日冲之分称也。

辰戌丑未为墓冲，不论旺相休囚，静遇为暗动，空遇为填实。子午卯酉为胎冲，旺相则静为暗动，休囚则静为半散，空为半实也。如子酉之日，来冲午卯，虽旺相亦为克冲，其吉但得十之七矣。寅申巳亥为绝冲，纵旺相，静不能为暗动，空不能为全实，盖绝冲与克冲同也。克冲有三，子酉之日为克冲少轻；申亥之日克冲，绝而又克，故重也；寅巳之日绝冲，又重于胎克冲尔。

其暗动，或临于元神，或临于忌神，或临于用神，各随其处而用之，若仇忌两发，而元神值暗动，犹得绵续生生也。然为吉凶之力则半，迟速之报则缓，灾祥之应则暗，如萌如窟，若启若击，用而喜之，忌而恶之，其机如此。

暗动之力，不及动爻之力。

岁时之冲则不然，盖年用远而不言冲，时用近而不言破，是以日月之冲，非远近之比尔。

遇时章第二十八

吾闻用神得令则吉，失令则凶，理之常也，然有当时后时之用，岂可执一而论哉。

得令失令，言其常也，事在后期，则勿执时令。

故占于此月之得，此日之得，则用神当时为吉；若彼月之得，彼日之得，则用神当于彼时之令吉焉。盖夏月出而冬月入，水用为嘉，亥日问而巳日求，火用为善。

补遗曰：冬藏夏货，宜巳午之财爻；秋放春收，喜卯寅之妻位。如寅建辛亥日占丁巳摇会，得节之中孚，巳财绝于亥日，兄动夺之，理不应得，然丁巳财当以丁巳日求之，而甲寅旬子兄值空，是日果应得会，可见遇时为卜筮之要。

夫用神得于此时之令，则失于彼时之司，得于彼时之司，则失于此时之令，吉凶相胜，可不深辩乎？若随常之问，恒远之求，即当以占时用神得令失令而定灾祥，以其无时之可据也。

独发章第二十九

吉凶之应，鬼神之情，必兆以动而告我也，是以卜筮之道，求用象为枢机，而察动爻为情状。

惟一爻动而五爻之不动者，五爻动而一爻之不动者，事应之来，不验于用神，而验于卦象也。是以一爻独发，其占九六，一爻独静，其占七八，则由志动而鬼神知，鬼神知而吉凶生，吉凶之生由于动，所以重于动而轻于用也。

大吉大凶，虽不系于独发独静之爻，然鬼神之情，常显机于此。

夫占事之法，不可舍用神而求动爻，间有事验于动爻者，如占行人得甲子爻动而甲子日至，占病人得丙子爻发而丙子日亡，避火，遇甲午官兴而是日遭回禄，求名，遇丙戌父动而是岁反登科。

酉建甲子日卜子归期，得夬之大过，月建子孙，是月应至，卯冲酉子，宜在丁卯日到，而当日甲子即归。午建己巳日卜妻病，得大畜之小畜，月破妻爻化绝，应在当日即亡，后待丙子日而死。未建戊午日占家宅，得乾之小畜，本应火灾，庚午壬午不应，至甲午日而回禄，以夏至后先壬而后甲也明。壬午年巳建甲戌日占功名得剥之晋，常法以子午卯酉乡举，后因鼎革，改丙戌而发乡科。以上皆验于独发，故虽不离用爻，而亦不执用爻也。

如求财遇否之临而占八，乙卯日而得财。访友遇遁之节而占七，壬申日而会友。尚有己巳之静而应于他卯日者，亦或验之也。静而独发，以值以合，动而独静，以值以冲，然必杂取用神忌神而当其爻象者则信无失矣。独动独静之法，则犹古昔之占验云。

如寅建己亥日占求财，得否之临，卯财长生，兄破不克妻爻，主应有财，不得于癸卯而得于乙卯者，日值干支财也；未建丙午日占访友，得遁之节，应爻在壬申，是以壬申日遇；巳建乙丑日占子归，得睽之咸，而应丁卯日至。盖一爻之静，不惟验于相值，亦验相冲；一爻之动，不惟应于相值，尤应相合，决日之秘，仍看用爻。

或曰，独发独静，止为吉凶告兆也。如求财遇财旺而有财，求官遇官旺而有官，行人遇用神生克而定其迟速，病人遇用神衰旺而决其死生，然后以独发独静之爻定其时，则每有验，此为论之中也。

独发独静可以定时日、察事应，若遂以定吉凶，则须审用爻，不可执也。

两现章第三十

夫用神之两现，将何主焉？必以其有伤无伤而定取舍也，舍其有伤，取其无伤，则可得一其主也。法所谓用得其用则吉，不得其用则凶，是故舍其无用而取其有用也，若两求之，则吉凶不定矣。

伤谓旬空月破冲散克伤之类。

然一动一静之用，犹有别焉，舍静取动，以动为事之兆也。不能得用神于飞爻，而求用神于伏象者，舍飞从伏，必以日月动爻之扶挈用之。

飞用被伤，当索伏用，日月动与配，相生而从，相克而舍。

后时生旺死绝，亦以不伤之神为论，是故未丑为用，而丑空未实，而败于丑月者，谓未实而丑破之也。

后来日期，取配无伤用神，不可并索，如亥建戌午日占脱货，得大过，遇子月价贵，遇丑月价贱，是论丑破未，而不论建丑也。

夫鬼神之于著不妄动、不徒现，必有所告也，是以卜男婚而两官者，竞相求也，卜女婚而两财者，交相与也；词讼两官，则非一狱之事，失脱两鬼，则是三同之偷；仕路两官而再加署敕，考场两父而复试文章。官主也，父头也，营谋重之而系两头两主；妻财也，子福也，身命逢之而多福多财；忧害二鬼而戒内外之惊，理财二妻而得往来之息；子孙两现而占嗣者，膝下有真假之嗣，弟兄两现而占交者，座前有名实之友。

卦中用爻两现，推之人事，必有其象，用则喜而忌宜备也。

卜居官遇乃二氏之同居，营葬鬼遇乃二亡之合葬也；所以戒文画者，父重而有交章之论也，忧官鬼者，鬼重而有连绵之祸也，恶兄弟者，兄重而有繁兴之费也；鬼伏鬼为新旧之病，官化官为起倒之词。

两现之象，最不易明，故详列于此，因事求之。

盖两现于飞伏者，则取较之，两现于变互者则勿取较也。其升观二分之卦，八纯二土之象，皆有成格，故无烦别论，亦以两现之法为用云尔。

二分八纯，卦有一定，及得于变互者，皆不同两现之论。

校正全本易冒卷之四

长生章第三十一

天地万物，始于无明，绝后而胎也。

无明，即释氏所谓无明缘行，行缘识，识缘名色，十二因缘之类也；绝则无物，犹无明也；胎则有形，犹缘名色也。

三位而生，七位而旺，十位而死，十二位而终始焉。

法不以胎为始，而以长生为始者，以其未现形象也。长生法：金生巳，木生亥，火生寅，水土生申，以掌上顺数可晓。

其所取用者，莫重于生绝，故金遇巳而不克，土遇巳而不生。

十二位取用，最重生绝二端，即五行生克，不及生绝，故金遇巳而得生，土遇巳而言绝也。

临官帝旺，用神乃昌，是故临官则食禄，天元禄之所授也；帝旺则位中，将星之所立也。长生曰日辰，帝旺曰正旺，二者孰能胜之。

天元禄法：四位临官，即为禄位，如甲木生于亥，顺行四位，临官在寅，是甲禄在寅矣；乙木生于午，逆行四位，临官在卯，是乙禄在卯矣，丙戊生寅，顺行临巳，是丙戊禄巳矣，余仿此。将星之法，以中神为主，子午卯酉，正中位也，申子辰，子为将星，余仿此。

若沐浴冠带衰病胎养，则不胜五行之生克，病渐及于不神，养将需于有力，盖见生吉而见克凶，是故水败于酉为假败，火胎于子为伪胎，木胎在酉，论克不论胎，金衰在戌，论生不论衰也。

此言十二位，唯长生临官帝旺为重，余位稍轻，还以五行生克为断。

死墓之法，临死无救，则邻死矣，临死又克，则过死矣。绝亦如之。墓而有刑，如击如发，墓而无冲，为匿为藏。

爻神投死日月变爻之上，或日月变爻内有一生之，则死而未死，绝而未绝也；既死又克，则为已死；无生无克，准克之半。凡用入墓，喜刑喜冲。

盖用爻生绝于日辰之上者特重，生绝于月建之上者有分，夫月令也，日天也，轻重缓急不侔矣。

生绝月建，须兼论当生、所生、生我、克我、我克之法，日重而月轻也。

伏爻生绝于飞，动爻生绝于变，其法犹类日也，然有真伪之辩焉。本卦动爻，难言生绝，故巳动伤金而生土，亥发火熄而木荣，有同体之观焉。

动爻化出之变爻，伏神本位之飞爻，如空如破，则非生非绝矣，故曰真伪。卦爻一本专论生克，不当参以长生十二法也，故曰同体。

卜筮之道，归重支神，不分阴阳，同其生死，此其准也。若五行之家，析干支，分阴阳，则阳生阴死，阴死阳生。而长生亦异，盖五行阴阳，皆投胎于母而后养焉。

丙为日，丁为月，皆投胎于子，自天开于子，而日月昭焉。日月即人物之仰依也，故先以火胎于子为法，养丑而生寅也。日出而作，日入而息，丙既生寅，人亦生寅也。阴阳不可同立，男女不可无别，丁寄生于酉，故下言祖母族抚之。盖阳干有十二位之用，阴干惟重死生，必欲分求，但以阳顺阴逆为法。

既分男女，男顺而长生，女逆而寄生，以至临官食禄之地，乃见其功。

盖阴阳干支，至临官而成功。丙临官于巳，巳既有丙也，丁临官在午，午即有丁也。

男既长大，应合婚姻，惟寅丙远赘子辛之妻而养戊己者，戊之长生于寅，己之寄生于酉，皆曰祖母抚之，独此附其姑，然五行或同位、或相间，穷理反经而道尽矣。

丙既生寅而长大，理合择配，丙合于辛，宜配辛女，当卯无辛，远逆寄生于子之辛女，赘为夫妇，天之造物，非定有常。火生土而土胎子也，养于丑，故戊土生于寅，己土寄生于父娣丁长酉之姑，而各自成也。戊既长大，宜合癸配，卯中癸水娶之。土生金而金胎于卯也，养于辰，庚金长生于巳，辛金寄生于子，则祖母之族而抚焉。庚既长大，合午乙为妻，金生水而水胎于午也，养于未，壬水长生于申，癸水寄生于卯。壬既长大，合酉丁为妻，水生林而木胎于酉也，养于戌，甲木长生于亥，乙木寄生于午。甲既长大，合子己为妻，木生火而火胎于子也，亥天地之终，子天地之始，己辛之女，皆是子而嫁终，盖男女皆自天生，五行或同位、或相间，穷其理而返诸常，可曲尽阴阳之道。法曰：子中癸己更加辛，丑中己癸复阴金，寅品甲木兼丙戊，卯中乙木癸水临，辰中戊土藏乙癸，巳中丙火戊加庚，午中丁火连乙己，未中己土亦逢丁，申内庚金坤壬水，酉内辛金丁己寻，戌中戊土辛丁位，亥中壬水甲木生，地支内有天干伏，天地人元仔细分。

唯土之长生不一者，以地王起甲申，申中有坤，故土生于申，若分阴阳，则戊生于寅，己生于酉，而金木水火之内，皆不可以无土，始知土德之用，接续五行，分寄而旺，无往而不生者哉。

土神之生，不一其所，土神之位，相杂而处，所以五行不可无土也。

无鬼章第三十二

或曰阳为官，阴为鬼，复曰旺为官，衰为鬼，又曰官鬼为系爻，为制爻，大凡喜之为官，恶之为鬼，用之阳则官，用之阴则鬼，名异而用同也，卦不应无，亦不宜动。

官鬼不必以旺衰阴阳分，但用则为官，忌则为鬼，然官亦可凶，鬼亦可吉。

动而逢冲，动而有制，动而无助，犹不动也。有而空，冲而散，化而冲，犹不有也。卦中虽无而伏于世爻动爻之下，变而临于日建月建之上，则无犹不无也。

此辩其虚实强弱之分也。

空而动者，谓之半空，动而破者，谓之全凶。有云吉则不吉，凶则更凶，则以大白虎所临也。

破本无为，因大白虎煞临之，其凶愈甚。

其象在天为鬼神、为雷霆，在地为庙宇、社稷、厅衙、尸骨、妖邪、虫蚁，在身为主张、权柄、魂魄、识见、疾病，在家为香火、主宰、宗祖、魇倒，在国为仇敌、乱臣，在任为爵级，在事为讼非、为祈祷、为夫婿、为阻滞束缚。

六亲唯鬼爻为象最多，所谓体物不遗也。

故身命无鬼，谋望失主，处世无恒；功名无鬼，进取无成，升迁未遂；家宅无鬼，主无君德，耗散多端；谋望无鬼，事无主断，关说徒劳也。

此言用鬼，鬼不宜无也。

疾病无鬼，须看用爻，用伤则祈祷无灵，用强则不禳而愈；婚姻无鬼，须分男女，女占有少寡之嫌，男占则我非其匹；求财无鬼，须分主客，同本而权落他人，空拳而我无遭遇也；自逃则易以潜身，捕逃则难于觅迹，失物则勿以诬人，祷祀而神不降，请托而言不从，事以类推也。

此言无鬼，各有吉凶之辩也。

故官鬼者，事之主也，祸之端也，出入行藏，贵乎静而勿动，兴词构难，畏其动而即成。盖凡防害及身，喜其无鬼，求事益己，利在有官，学者辩之。

绝生章第三十三

用爻属木，申日占而绝，水爻动而生，因名绝生，犹穷地而遇援也。

盖绝生之法有五：用神受日月之克，遇动爻之生，一也；受动爻之克，遇变爻之生，一也；受变爻之克，遇动爻之生，一也；伏用受日月之克，遇飞爻动爻之生，一也；伏用受飞爻动爻之克，遇日月之生，一也。此五者皆谓之绝处逢生也。

其不能生者有三：用神自受破散，不能生者一；飞爻动爻生我者受破散，不能生者二；变爻生我者受破绝，不能生者三。忌神亦以此参之。

身命世绝而逢生，虽困必亨，虽夭必寿；文科重父，武试重官，遇之者几落孙山，终登龙虎；男婚用财，女姻用鬼，遇之者后成泰晋，始则参辰。

鬼为我病，病退复进，用乃病身，危而得安；讼而又讼，官鬼遇日月之生，忧而不忧，子孙逢动变之助；出行世遇者安，行人应遇者还；占仁宦因众罚而增秩，占货财将亏折而居赢；捕逃而应逢，如鱼脱网，修道而世值，如蛰飞天。

名，谓官爻遇之；利，谓财爻遇之。

内卦遇之，家宅衰而将旺，外卦遇之，人口减而复增。内为邦畿，外为政事，盖国犹家占。

其为吉也，犹旱遇雨；其为凶也，如火复炎。然唯日月之绝为真绝，日月之生为真生，又不可不知也。

合冲章第三十四

闻之和则合，击则冲，合主事之成，冲主事之败，吉则宜合，凶则宜冲。

筮得六冲，其名卦冲，无往而不散也，言多乱，事多变，行多违，谋多阻也。筮化六冲，其名变冲，占事主无后也，约婚而不终，结义而不信，营求而不遂也。卦冲谓之前冲，变冲谓之后冲，倘前六合而后六冲，又其甚已。

卦冲有三：正卦冲，之卦冲，合处逢冲也。

前合后冲，始繁华而终憔悴；前冲后合，初更张而卒和调；前合后合，伙伴契而讼狱缠，始终结而不解；前冲后冲，谋望难而官非散，亲疏背而不从。

爻冲有五：日冲则动，空冲则实，动冲则散，化冲则失，自冲则败也。爻合有四：静合为起，动合为绊，化合为援，自合为好也。

化冲，已动化亥也；自冲，卦中子午两动也，亦论强弱。化合自合，反是而推。

独夫六合遇日辰冲害于世应之上者，其名合冲，犹功之几成而败，财之既得而失，婚之几从而违，谋之几就而变，不可居也。不言冲合者，既败不可成，既解不可交，既失不可得也，即得之亦他应也。

如午建丙子日，占婚得兑之节，卦虽六冲，其日月合世应，变成六合，以为始悖而终就，及后二家皆得偕，此占不成，故不贵也。

且有爻之合处逢冲者，财鬼冲害忌婚姻，父官冲害忌功名，子妻冲害忌谋生，然而视世应冲害者则稍轻矣，故合处逢冲，前贤专主世应也。

随墓章第三十五

夫随墓有五：一曰命墓，二曰世墓，三曰化爻墓，四曰卦身墓，五曰世身墓，此五者有轻重之分也。

本命临鬼而墓于日为命墓，世爻临鬼而墓于日为世墓，或命世、及卦身世身临鬼而化入墓爻为化爻墓，卦身临鬼墓于日，世身临鬼墓于日为身墓也。

命之随鬼入墓，乃为大凶，谓鬼命并现也，若现于日月变伏之位而非矣。

命墓必命乘鬼同现一爻始真，若临日月变伏，皆非也。

世之随鬼入墓，自占者凶，代占者忌，视命墓少间尔。

世墓自占代占皆忌，如巳建癸未日占寅命妻病，得大畜之蒙，乃妻命墓而世亦随墓，后五月妻亡，夫亦继亡，所谓代占者忌尔。

化爻随鬼入墓，与命墓世墓无差等，而有真伪，火官戌墓，辰日冲而成伪，戌月实而作真，戌空自伪，戌破非真。

化爻墓须分真伪。

卦身之墓，现于卦者是，世身之墓，空于世者非，此二者惟占讼词、狱禁、疾病、忧疑、户役、动作、潜逃、投充、斋戒之事忌之，然遇鬼旺则凶，官衰则减，视世墓化墓则轻尔。

卦身因卦而成，故有身则是，世身因世而起，故世空则非，盖大小身墓，有忌有不忌也。

且夫月破旬空之鬼，而临本命世爻之墓，官非灾病，见空破而垂毙，毙而又墓，故为凶占；若避患、忧害、防非，见空破而祸消，祸消而随墓何凶也。

事已及身，空破随墓最忌；事未及身而先事忧防，则空破随墓非忌。

夫身命逢之，一世应多灾疾；婚姻遇此，中途定见刑伤，占分男女命墓也。

不论世鬼，不拘空破，女命墓戒娶，男命墓戒嫁。

求官履仕途而不反，出行登平道而遭屯，行人病于他乡，产妇厄于暗室，公役有桎梏之辱，兴造有妨犯之凶，偷关踰险而蹈网罗，出族谋差而受羁绁。

随墓统忌，若兴造偷踰，空破稍可。

求财被溺于狭邪之地，占穴或犯夫古塚之屍。

二者只言世墓。

盖凡以官鬼为忌神者，遇之不祥，空破稍轻；以身命为先务者，遇之亦不祥，而空破反重。此皆以日辰化爻之墓为法，他不同论云。

助伤章第三十六

助鬼伤身，以世爻受鬼克，而鬼长生于日，是为引祸以自害。世亦称身，实世而非身也。

夫世爻，卦之宰也，占之主也，问者之身也，故曰伤身。然官鬼遇空破者弗能伤，世爻逢旺相者弗能伤。

虽曰长生，临于岁月动变之位者则非；虽长生于日，而巳日之巽，申日之革则非；虽曰助鬼，而午日之坎，酉日之离则非。是以前贤举申日之离，寅日之咸，亥日之泰者为法。

五行大生谓之真生，巽鬼革鬼非大生，坎鬼离鬼非长生，所以有间。

占身命者认祸为福，比匪为良，因财丧身，贪色亡命，妻妾不贤而归夫咎，奴仆肆逆而累主殃。

以财为利，以鬼为害，天下之害皆伏于利，理固然也。

国占为奸臣聚敛，为宦官专恣；师占为将病防刺，及自兵之叛；占家者主人贪利忘害，求益遭损，鬼临雀起非，临武被劫，临虎见丧，临蛇而惊；娶妇则主妇不贤；收仆则主仆怀叛。若女占夫而官星为用者，遇之反吉也；占官骤升，占武即发。

大抵用官吉而用财凶，世爻尤凶也。

占讼有重责之忧，占失有再偷之虑；投军脱役，鱼为饵钩，昧事修方，步遭荆棘；求财有妄求之害，出行有行险之虞；离尘修戒，障业未除，公役参房，杖笞难免；占监狱图圄之灾未满，占疾病枕席之患未离；奉神神怒，安灵灵哭，占怪怪真，占梦梦实；避祸祸必临，防害害必至。

总之以鬼为忌者，助伤固凶，即以官为用者，亦嫌其克世，静迟动速，旺大衰小，唯空破散则吉也。

局会章第三十七

何谓之局？物有始终，故谓之局也；何谓之会？物必有丽，故谓之会也。

生乃物之始，藏乃物之终，既成始终，故谓之局，如卯木生亥墓未，为木局是也。若亥卯未而会，物必有丽也。

夫局会有成不成之分，当明化不化之义，然后得局会之秘也。中神主也，失其主则不能会，伤其中则不能局。是以火神局会，以午为要，午不失伤，即寅戌失一而亦局会也。伤其始者，局会之力小，伤其终者，局会之力存。终始不伤，局会之力大矣。

始失长生故力小，终失墓藏故力犹存，得三位皆全，其力更大。午会为火，寅戌虽会，而土木本质，则不随火变也。

局会有三：一曰动会，二曰变会，三曰伏会，则必由日月而悬之也。动会者，周流六虚而皆会也；变会者，交重一爻而相会也；伏会者，发动飞爻而相挈也。

凡局必得日月有一在局，始成动会，如寅建戊戌日，用官得乾之既济是也；变会如戊建甲寅日，用官得遯之乾是也；伏会如卯建戊寅日，用父得大畜之离是也。

变失始者其局假，伏得生者其局真。是故子变辰者非，午伏寅者是也。日月悬之，悬始吉而悬终凶也。是故申月悬子则是，戊月悬午则非也。

如戊建己酉日，用官得谦之泰，以戊月午变寅爻当成火局，然寅值空，乃失其始，戊月悬午，是墓非生，则此火局休囚，不成会矣。如申建甲辰日，用财得履之睽，子伏申下，财乃长生。申为月建，谓之悬始，则水局旺相，故成会尔，余仿此。

盖局会之道虽纷，而生克之理若一，故失中乃失主，失始乃失生，失终乃失墓，则轻重昭矣。

刑害章第三十八

拟议之三而后刑，故曰三刑，非实有三也。夫刑同杀，故曰西曹，由西而始也。三刑之法，以金局之神，而巡西方之位，所谓巳酉丑而乘申酉戌也。金木水火，五行之顺也，西北东南，四方之次也，以金木火水之正，而刑西北东南之邪，则亥卯未而乘亥子丑，申子辰而乘寅卯辰，寅午戌而乘巳午未矣。乘则刑之，上下相对，循环相加，此三刑之立法也。孟党孟刑，仲党仲刑，季党季刑，以故有寅巳申、丑戌未、卯子、子卯、辰午酉亥之名也。于是乎，有金刚火强，自刑其方，水局刑木，木局刑水之议。苟曰必三始刑，则卯子子卯之无礼刑，辰午酉亥之自刑，岂必三也？是故三刑之名，不可以三泥也。

孟党寅巳申亥，仲党卯午酉子，季党辰未戌丑。

三刑之法，墓亦赖之，刑则墓开，刑而兼冲，其力更大。

夫墓得刑冲，犹锁得钥，故曰墓开，然不及冲，故刑而不冲者轻，刑而兼冲者重，酉建庚申日，用财得困之兑是谓真刑。

夫刑之为象，于物若毙，于心若忧，于事若漓，犹退神之例，而不及旬空月破之凶也。身命遇之，恐骨肉之相残；婚姻遇之，惧门第之相压；宦忧内丧，病防带疾；官克世而问讼，五克世而问疏，若世刑而大凶也。

身命，谓世及用爻遇之，男娶谓财、女嫁谓官遇之。

夫害者，夺吾之好为害也，上下四方曰六，故名六害，举天地之内而言也。相合曰好，相冲曰夺，相恶曰害，是故冲吾之合，则犹夺吾之好，吾故恶之，而与相害也。故子合丑而未冲，所以子未为害尔，六合则有六冲，六冲则有六害，此六害之立法也。

古亦称穿心六害。

然有生害、有克害，其为象也，心恶而面好，外悦而内仇，此相生之害也。我克彼者，我强而彼弱，志相恶尔；彼克我者，彼刚而我柔，力被制尔。然亦不及六冲之甚也，然亦必兼合冲生克而考之。三刑六害，当别用爻，非以卦象云尔。

大抵六害重克害，克害重用爻世爻，及应克世，若姤恒小畜益卦，虽存六害之名，当察其用而权之。

诸星章第三十九

神宿之法，灾祥非一，吉凶之验，别演乃殊。有以天象列星而入易者，有以人事占星而入易者，然要无不出乎干支阴阳生克衰旺之情，或年或季或月或日或时或局之例，以辩其有用无用，轻力重力焉。其有星之名，而无所本者不敢列也。

天象如角亢房，二十八经星也，如木火土金水，五纬星也，如贪狼巨门，九曜星也；人事，如天喜、天医、天厨、天狱之类是也。虽星煞杂陈，各有所本，否则俗传无验也。

如经星入易，乾之上九降参，又降镇星，唯岁时身命之占用之；九曜之立，曰贪狼，曰巨门，曰禄存，曰文昌，曰廉贞，曰武曲，曰破军，曰左辅，曰右弼是也，唯婚姻、才貌、坟茔、屋宅之占用之。

法曰：日月常加戌，时时起破军，破军前两位，世俗少知闻。两位，即左辅右弼也，斗柄即破军。如寅建午时占，以戌加寅起至午时在戌，以戌上为破军，亥是左辅，子是右弼也。

紫微垣以危室之分起子也，天市垣以尾箕之分起寅也，太微垣以翼轸之分起巳也，唯造化之占用之，此天象立星之略也。

三垣皆以正月起顺行。

天德之星，正月起亥而顺行，盖天之德泽，从天门而降，亥为天门，因以名之。天干天德寅建在丁，卯建在申，盖人事天功，阴阳相助也。

天德正月起亥顺行，干德法曰：正丁二申宫，三壬四辛同，五亥六甲上，七癸八寅从，九丙十居乙，子巳丑庚逢。天德即天道，阴阳两互，抚祐八荒，孟季保生墓之人元，四正用阳贵之协力。故寅内人元丙，天与丁助之，卯内人元癸，天与阳贵坤中壬水助之，辰内人元癸，天与壬助之，巳内庚，天与辛，午内乙，天与阳贵乾中甲木助之，未内乙，天与甲也，余六位仿此。历日所载，坤乾艮巽，即申亥寅巳尔，其土德周偏，故不列天德也，此法用天干，如寅建丁亥子孙发动，以丁为天德也，利用防非。

月德自未而顺行，未为广寒宫，太阴之府，是以始之。天干月德寅午戌建而举丙，亥卯未建而举甲，巳酉丑月德在庚，申子辰月德在壬，太阴之德，亦其助也，盖以午丁而丙助，卯乙而甲扶焉。

古法以子为帝座，午为端门，卯为雷门，酉为佛境，亥为天门，巳为地户，申为神门，寅为鬼路，辰为天罗，戌为地网，丑为黄泉杀，未为广寒宫也，四德俱主福荫，能逃刑免难。

天乙贵人，有阴阳之别，阳贵始自天王立甲子而顺求之，阴贵始自地王起甲申而逆求之。贵人之用，不犯对于君王，贵人之行，不践入于罗网。甲合己而在子，己以子为阳贵；乙合庚而在丑，庚以丑为阳贵；丙合辛而在寅，辛以寅为阳贵；丁合壬而在卯，壬以卯为阳贵；辰为天罗，踰而不入；戊合癸而在巳，癸以巳为阳贵；午为端门，越而弗对；己合甲而在未，甲以未为阳贵；庚合乙而在申，乙以申为阳贵；辛合丙而在酉，丙以酉为阳贵；戌为地网弗履；壬合丁而在亥，丁以亥为阳贵；子为帝座弗犯；癸合戊而在丑，戊以丑为阳贵，阴贵亦然。

法曰：甲羊戊庚牛，乙猴巳鼠头，丙鸡丁猪走，壬兔癸蛇游，六辛骑猛虎，阳贵用斯求。甲牛戊庚羊，乙鼠巳猴乡，丙鸡丁猪位，壬蛇癸兔藏，六辛乘骏马，阴贵用心详。六壬数，巳至戌用阳，亥至辰用阴，未当。当以子至巳用阳，午至亥用阴，易筮不分阴阳。

福星贵人，即食神星也。甲之五遁，丙为食神，故寅为福；乙之五遁，丁为食神，丑亥为福星也。

法曰：甲虎乙猪牛，丙同犬鼠游，丁鸡戊猴走，己羊庚马头，辛蛇癸逐兔，壬日佔龙楼。

天厨贵人，禄上生禄，是为天厨。甲之五遁，禄于丙寅，寅上之丙，复禄于巳，故甲以巳为天厨；癸之五遁，禄于壬子，子上之壬，复禄于亥，故癸以亥为天厨也。

法曰：甲丁蛇位号天厨，丙鼠壬鸡癸伴猪，乙戊辛干皆向马，己猴庚虎福神殊。右二星主禄食。

天元禄者，临官则食禄。甲木生亥，临官于寅，乙木生午，临官于卯，丙戊生于寅，临官于巳，丁己生于酉，临官在午，阴阳顺逆，各以类推。

天元禄法：从临官而得，四位临官，即名禄位，如甲木生亥，顺行四位，临官在寅，故甲禄在寅；乙木生午，逆行四位，临官在卯，故乙禄在卯之类。

天地财，遁甲以戊己为五马六财，而戊己坐辰巳之上，故正月以辰为天财，巳为地财，顺而终之，乃天地财也。

马，即财也，法曰：正七起龙蛇，二八马羊家，三九循申酉，四十犬豕牙，子午鼠牛索，丑未寅卯查，遁甲因戊己，问利自当沙。

文章德业，必临官设政，三岁后而吾道始昌，因曰文昌。甲禄在寅，蹦三位而巳是也。辛则不然，蹦三位而当子，子为帝座，弗敢犯之，物不可盈，藏于文库，是以辛以戌为文昌也。

法曰：甲蛇乙马号文昌，丁己寻鸡辛犬方，庚猪癸兔壬从虎，丙戊扬猴最吉祥。盖火墓在戌，离为文明，故曰文库；金墓于丑，金为兵革，故曰武库也。

位中居尊，谓之将星，故亥卯未，将星在卯，而攀辰鞍，驾巳马，马前六害，以警跸也，害前华盖，备旌旛也，将后七神，甲士后劲也，而劫煞灾煞天煞地煞年煞月煞亡人煞，以名焉。是以华盖为首星，劫煞为尾星，而将卫在中也。

将星法起中神，子午卯酉，正中位也，故亥卯未，将星在卯，辰为攀鞍，巳为驾马，马前为六害午也，害前为华盖未也，将后为七煞，自申至寅七位是也。

天马，即乾马也，正月午始，循环行之，此星唯利升迁之卜。驿马亦从将星而推也，如寅午戌，将星在午，则以未为攀鞍，申为驾马矣，行人要星也。

正月用乾四爻为天马，二月五爻申，循环用之。法曰：正七还骑马，二八向猴申，三九须从犬，四十鼠相侵，五十一当寅上，六十二定归辰。天马文人用上，丧病者嗔，盖病者马向天游，是上丧服也。驿马法曰：寅午戌马居申，亥卯未马在巳，申子辰成居寅，巳酉丑马在亥。

且天喜之为星也，孟春建寅，则喜在戌，仲春建卯，则喜在亥，季春建辰，则喜在子，盖以戌为喜也。喜神之用，遁甲所专。遁甲者，拒庚而藏甲也。惟丙丁制之，故甲己五遁得丙寅，则喜神在寅也，乙庚五遁得丙戌，则喜神在戌矣。

成喜之法，寅到戌而成，卯至亥而成，辰至子而成也，余可类推。法曰：春戌夏丑为天喜，秋辰冬未三三指。喜神法曰：甲己东北乙庚乾，丙辛独位向坤言，丁壬二日离宫上，戊癸东南喜事连。若喜神位值子孙动者，出行顺利，其他动止亦宜向之也。

天赦，与人更新也。作历之初，首于冬至甲子，故冬至甲子为天赦；春首戊寅，夏至甲午，秋首戊申，刑罪之占，得逢解网也。天解春以寅，夏以巳，秋以申，冬以亥。盖水绝于申，寅能破之，是为天解。

先王以二至及春秋首日，大赦天下，故后世以是日为天赦。天解，凡以绝为我难，冲则天去我难也。

月解，太阴也，自戌而辉，行南周天之半，以照北极，故九十月在午，正二月在申也。剪刈根萌，则息非宜。喝散，春木根萌在亥，巳能刈之，是为喝散。

月解法，九十月午，子丑月未，正二月申，三四月酉，五六月戌，七八月亥。两月一位，谓上施下仰，九十月午者，午施子仰也。午自亥极，施仰乃见。冲断生根为喝散，夏火生寅，用申冲寅，秋多生巳，用亥冲巳。法曰：春巳夏居申，秋猪冬到寅是也。

天医，上帝之司，救疗之神也。本在遁甲，相丙而御庚，即丁神也。好生为心，故不践于寂灭之地，乃更位焉。周岁而复命，始岁而复化。活曜，上帝命司生之神也，因随帝而出于震焉，为胎育子息之占。

以五虎遁，正月甲遁觅丁神，得丁卯丁丑，故正月以丁卯为天医，余丁丑；二月乙遁得丁亥，三月丙遁得丁酉，乃弗居而易丑，故三月则以丁丑为天医。夫酉为佛境，乃寂灭日沉之地，故弗居；四月丁遁得丁未，五月戊遁得丁巳，六月己遁复得丁卯，余丁丑，七月庚遁复得丁亥，八月辛遁复得丁酉，违酉从丑，九月壬遁复得丁未，十月癸遁复得丁巳，十一月甲遁复得丁卯，十二月乙遁复得丁亥终焉，还命上帝，岁复如是也。发微通书，以天喜为天医误矣。法曰：天医正卯二猪临，三月随牛四未寻，五蛇六兔七居亥，八丑九羊十巳存，十一再来寻卯上，十二亥上作医人。活曜法，正月从卯顺行。

雷火之煞，大利功名，盖雷能动物，即长生也。寅午戌月起于寅，申子辰月起于申，是以立之，震为旌旗煞，故起卯，逆征四围是谓旌旗。

草木萌生，雷霆动惊，盖震之德，能普化万物也。其法正寅二亥，三申四巳，循环三复是焉。然网罗同之。上天之为心，唯以生道杀物，是名网罗万物也，独捕叛用之。旌旗春卯夏子秋酉冬子。

天耳天目，以子坎为耳垂，以午离为目眦，目视上，故始天门，从亥申巳寅为次。耳听下，故始地户，从巳寅亥申为次。耳目司视听，故动而音信当至。耳目本吉宿，以用则将迎而成，故逆行焉。

以四季行四位，春巳、夏寅、秋亥、冬申，天耳也，春亥、夏申、秋巳、冬寅，天目也。

天罡煞，寅卯辰巳之谓也，因生求生，谓生作而得生息，亦渔猎之吉神也。天犬吉而顺戌，犬猎益宜之。天猪天鼠天牛，凶而逆亥子丑，牧养忌之。

以寅午戌月为火局，火生于寅，是谓生而起也，二卯三辰四巳，巳酉丑为金局金生于巳，是得生而已也，复寅而三重之，则周一岁矣。天犬正月从戌顺行，猪鼠牛正月从亥子丑逆行也，猪忌畜豕，鼠忌养蚕，牛忌牧犊，嫌值鬼同发。

大螣蛇之别号曰勾陈煞，以其将相冲中王也。暗金以每季藏金局，故巳酉丑为暗金。破碎谓金库在丑，以金局自悖逆而出之，四轮复数之，则失藏聚，是名破碎，为家国之多耗也。

正月自辰起逆行，专务惊滞暗金以巳酉丑，自正月四轮复数是也，亦名红纱，产妇之忌。破碎以丑酉巳，自丑月起四轮复灵乃破碎也。丑为金库，故始之。法曰：辰戌丑未月在丑，寅申巳亥月在酉，子午卯酉月在蛇，逆破如何财顺有。

月破日耗，大耗而小耗随之，季废为荒芜，月废为月空，空衰为月煞。

正月起申顺行为大耗，起未顺行为小耗，荒芜之法，春巳酉丑，夏辰申子，秋卯未亥，冬寅午戌。月空之法，寅午戌月壬废为月空。月煞之法，壬水衰于丑，故丑为月煞，亥卯未月庚废戌煞，申子辰月丙废未煞，巳酉丑月甲废辰煞，历日可考。

物满而破，破而后开，天贼之义也；随贼而吠，天狗也，其义欲除之、执之、收之。春之天贼，辰满酉破寅开也，秋之天贼，戌满卯破申开也。未坤之府，丑能击之，故地贼出丑而逆行焉。巳为双女宫，本荧惑之神也，天烛由此而顺行焉。天火即火所胎也，盖火神顺鉴四域，岁三复焉。

法曰：正龙二鸡三虎乡，四羊五鼠六蛇藏，七犬八兔九猴位，十牛子马丑猪忙，是天贼也。天狗随之冲击也。地贼，谓穿窬之辈也。法曰：天烛正月起蛇宫，荡荡顺行数至龙，主火灾也。天火，以寅午戌月火局胎于子。四域，子午卯酉四正也，五九月又起子，故一岁三复。

天官符即临官之位也，以年局临官于中宫起寅巳申亥，进三位而复退起中宫，顺行九宫，若与鬼动，则成词讼之凶。阳生日生气，阴生日死气，以阳主生而阴主杀也。五子遁七位之庚午，上庚克甲为官符，是以从午起官符，随死气顺行为死气官符也。春寅岁之始也，法艮卦寅官持世，乃为锤门官符，下而反复是也。

以相指一节起坎宫一白，二节坤宫二黑，三节震宫三碧，四节巽宫四绿，君指四节为中宫五黄，无名指四节为乾宫六白，三节兑宫七赤，二节艮宫八白，一节离宫九紫，乃外九宫也。如子年乃水局临官于亥入中宫，即十月在中宫顺行，即十一月在乾，十二月在兑，进三复退，即是本年，正月入中宫，二月乾，三月兑，四月艮，五月离，六坎，七坤，八震，九巽，乃终。设如七月占，若鬼动坤宫，为天官符也，此从年起，生气正月从子顺行，死气及官符从午顺行，岁始若苏未起，有锤门之意。用艮卦自上而下，法曰：正七虎行村，二八鼠当门，三九居戌位，四十弄猴狮，五十一骑马走，六十二跳龙门。

绝止足履，则忧禁怕天狱，寅午戌月绝于亥，巳酉丑月绝于寅，是为天狱。逆践于地网，为地狱煞也。坎为血卦，丑为刃库，血因刃上，故正三五七九鼠月，以丑寅卯辰巳午为血刃，刃相对，偶袭奇，复名血忌，血因忌上，故二四六八十腊月，以未申酉戌亥子为血忌。羊刃纵前之利器，势同荷戈，禄前一位，妻奴所畏。

绝为天狱，如申子辰水局绝巳之类，法曰：正月逢亥二月申，三月随蛇四月寅，五月循环绝于亥，周而复始定其神。戌为地网，故地狱自正月起戌逆行，法曰：正牛二未三寅虎，四猴五兔六鸡灾，七辰八戌九月巳，十猪子马丑鼠来。血忌之星同血刃，针灸占之定不偕。禄前一位为羊刃，如甲禄在寅，则右顺卯为羊刃，乙禄到卯，则左逆寅为羊刃，丙戊禄巳，则右顺午为羊刃，丁己禄午，则左逆巳为羊刃。法曰：乙逢寅动当为刃，辛见申摇岂不凶，丁己忌巳癸忧亥，兄弟相加偶必重。近世不分阴阳顺逆，概以禄前一位为刃，至有误认乙禄到卯，辰为羊刃之说，特为正之。

阳陷于阴日阴煞，正月起坎之初爻，循环上下，是避害之要也。死而折之，名曰折煞，故寅午戌以酉为折，申子辰以卯为折也。方养未几，即受暴折，春木养戌，而辰折之，是名浴盆煞。咸池煞者，别名桃花，盖以沐浴为桃花，沐浴败垢，淫污败德，因以名之。

君子为小人之陷曰阴煞，若带鬼动，当防害也。法以正七寅、二八辰、三九午、四十申、五十一戌、六十二子，即习重坎之象也。以火局死于酉，水局死于卯，如二六十月午为折煞，已酉丑月子为看煞，如火养在丑，为未暴折是也。法曰：春辰夏未秋逢戌，冬季推来在丑神，盖以摧尸煞同，亦暴折之义也，小儿忌之。咸池煞以寅午戌月火局沐浴于卯，亥卯未月木局沐浴于子，法曰：寅午戌，兔从卯里出，亥卯未，鼠子当头忌，申子辰，鸡叫乱人偷，已酉丑，跃马南方来。

衰而憔悴，反复悲泣，是名天哭，当墓曰丧门，扣墓曰吊客丧车，以绝位为亡人，所乘者，乃丧车也。盖冬水以巳绝，乘午为丧车。五墓者，即墓神也，故春木墓未，夏火墓戌。三坵者，叠土墓上，故春以丑为坵，取第三位之土，故曰三；五者，五行墓也。

憔悴谓衰也，寅午戌月，火局衰在未，已酉丑月，金局衰在戌，三复悲泣，故正未二申三酉四戌，五复未而再三，因名天哭。以寅午戌月墓戌，亥卯未月墓未，申子辰月墓辰，已酉丑月墓丑，如正月戌为丧门，则辰为吊客。冲象扣也，法曰：丧车春鸡夏鼠来，秋卯冬午好安排，二法皆忌疾病。以土冲土曰叠，自未戌数丑曰第三，法曰：丑辰未戌三坵煞，羊犬牛龙五墓寻。

近前曰孤，近后曰寡，而孤寡之煞以传，寅卯辰月，已孤丑寡也。前阻曰关，后绝曰锁，而关锁之法以立，申酉戌月，亥关锁也。

失聚失类，如无依倚，已丑，前后非类也。法曰：寅卯辰，已孤丑寡，已午未，申孤辰寡，申酉戌，亥孤未寡，亥子丑，寅孤戌寡，若男前女后之意。阻绝其前后曰关锁，法曰：春关牛与蛇，夏锁龙猴嗟，秋忌羊猪位，冬犬虎交加。

自春建而妄行，不由径，不从道，游行四方，往必败矣，故名往亡。夫寅而卯，径也，不从而已，非道也；自卯而辰，自辰而已，径也，不从而午，而未，非道也，行者之戒也。以子丑寅，而归孟仲季，非时也。非时而归，所以忌也，故归忌名之。绝路空，遇水则路绝，甲己五遁，壬癸加申酉，故申酉为绝路。

震仰孟像舟，木绝于申为覆舟煞，舟绝则覆，故自申起而顺为覆舟，冲舟为浪，故自寅起而顺为白浪。

正月起寅顺行，则二月当行于卯，乃越径妄行，直游巳申亥而返卯，复不由径，直游午酉子而返辰，复不由径，直游未戌丑而穷焉。往亡法曰：正寅二巳三申位，四猪五兔六马悲，七鸡八鼠九辰忌，十羊子犬丑牛危。子丑寅，是天地人三才，盖子月当子而反孟寅，丑月当丑而反仲子，寅月当寅而反季丑，为非时归忌，后三巡亦然。法曰：寅申巳亥牛相犯，子午卯酉虎相攻，辰戌丑未须防鼠，爻逢归忌路途凶。绝路空法曰：甲己申酉最为愁，乙庚午未不须筹，丙辛辰巳何劳问，丁壬寅卯一场忧，戊癸子丑高堂坐，如犯空亡莫远游。木绝申为覆舟，正月从申顺行，寅冲申为白浪，正月从寅顺行。

鹤神自天而降，始践于艮，奇门甲子坎局，巳酉艮局，因从巳酉下地，循环八方，四维六日而更，四正五日而迁，第四十五日上天而居于房北，复五日而入房中，合衍母之数也；复二日迁南，先阴后阳，合少阴之数也；复三日而迁西，合少阳之数也；复一日而迁东，合太阳之数也；复四日而迁中宫，合太阴之数也；戊申居中，然后甲子周矣，若鬼摇是宫，出行是戒。

鹤神，即游神也。

五符者，即天符也，设政而受天符，天符之前十一神，天曹地符风伯雷公雨师风云堂符国印天关地匣天贼也。

以阴阳禄起五符，阳顺阴逆，周行十二位，盖以甲禄在寅为法，寅乃五符，墓前陈部曲，部曲即天曹也。未及三位，而复锡符焉，故天符为金舆，地符为玉辇，风伯乃巽位，雷雨云神骢驱之。未九位而锡大命，乃堂符国印也。亥为天关，子为地匣，置武库以征不仁，故终天贼，又名陀罗星，弗误于满破开之天贼也。此从日起。

罡魁之将有十二，体辰戌而用巳亥，天罡太乙胜光小吉传送从魁河魁登明神后大吉功曹太冲也。罡魁临鬼动，祸患暴作，罡主讼而魁主盗也。

天罡正月起巳顺行，河魁正月起亥顺行，余十将不司卦内吉凶，故不详注。

太岁之神，始作甲子，阴阳相扶，吉星居焉，偏党好恶凶星立焉。寅为鬼路，故十二年丧门以寅为始。申为神门，故十二年白虎以申为始焉，飞廉附之。盖克我者为官鬼，子受辰克，故十二年以辰起官符，且居五位，五鬼附之。岁之冲曰岁破，栏杆附之。戌亦克子，三合丧门，故名吊客，天狗附之。巳为六阳之终，亥为六阴之极，故巳始死符，亥始病符也。阴之扶阳，天之造物，故三元四利，十二年以丑起太阳，卯起太阴，未起龙德，酉起福德，顺行为法也。

四利三元法：一太岁，二太阳，三丧门，四太阴，五官符，六死符，七岁破，八龙德，九白虎，十福德，十一吊客，十二病符，此从年起也。三元谓上元中元下元也。四利谓四吉星，太阳、太阴、龙德、福德也。巳亥宫无吉宿，以阳终阴极也，其附四凶，非在三元旧序。又有月上飞廉，正月从申逆行，月上五鬼，正月从寅逆行之法，飞廉因白虎亦起申，五鬼因鬼路亦起寅。

古人名星之始，或因事而著，或依义而成，或像象而立，必有所本，其无本而妄传者，于吉凶无验，虽多不述也。大凡吉星之行多顺，凶星之行多逆，地支之星以月为凭，天干之星以日为主，年星虽列，远而较轻，时星间陈，变而易逝，唯日月之用尊焉。占星之法，各亲其类，非类则弗亲也，各伺其动，不动则不伺也。然必以用神为主而星辅之，吉以益其吉，凶以甚其凶，而后无偏泥之诮焉，学者辨之。

卦验章第四十

以爻而取占应者，谓之用神；以卦而取占应者，谓之卦验，卦验专于卦而不专于爻也。

以卦名而断吉凶，昔贤所讥，然古又有以卦义断而验者，不可违也。

婚姻忌三冲，则不索用神之衰旺；邦畿征伐忌内反伏吟，而不凭子官；迁居忌外反伏吟，而不凭鬼静；占病主属化墓绝者，虽用旺而凶，此皆先卦而后爻也。

五者尤为专忌，卜者常泥于用神而失之。

是故筮晴雨者，得乾离则晴，得坎兑则雨；非此，然后察父母子孙以为晦霁也。筮坟茔者，遇巽风坎水，乃为大凶，以其犯风水而冲也；独秋后占地得坤，春前占山得艮，反为吉兆；盖有虫蚁，井有水泉，明夷有伏尸；非此，然后索世爻福神以为凶吉也。

风水最忌六冲，若卜平地，秋后三气得坤卦，卜山地，春前一气得艮卦，反吉，弗论六冲。

出师征伐，遇明夷有覆军之败，遇坎蹇困防汜地之围，若此者，不复论子官也；求财遇萃曰亏本；出行遇节艮坎明夷曰不吉；狱讼遇大壮与夬曰得理，遇坎蹇明夷曰有囹圄；筮病，遇明夷既济丰节而土鬼独发曰死。

推之京房萃为缺数，余卦皆昔贤所验。

筮婚姻，咸恒节泰者吉，变冲不吉，睽革解离者凶，化合亦凶。后嗣有无，昔筮大畜而得子，筮蒙而得子，筮涣而得孕，曰腹内怀人也，筮大有同人，及乾与剥而有双胎，曰丙戊两胎于子也。

昔商瞿将如齐，四十未嗣，夫子蓍之，得大畜九三，后有五丈夫子；周易蒙训为童蒙，补遗云涣腹中怀人。以上诸卦，皆凭卦断而不及爻用，前贤往有成验。

且有因卦象而取义，因卦义而利用者。如筮国得否泰，则君子小人可知，得损益，则丰荒可见；筮道业，得艮复咸无妄而成心学；筮儒业，得贲旅坤离而焕文章；筮科第，得乾震而魁黄甲；上疏，岂宜屯蹇，面圣，最喜晋升。

夫子自筮得旅，筮贲而忧文胜，坤离为文章，震乾得第，皆旧传也。

如噬嗑之日中为市，而宜于贾肆，涣之木在水上，而利于江河；离以佃鱼，随以驾马，益以农田，睽以锄乱；如艮离咸蛊，占蚕而有收，噬嗑鼎颐，占畜而主烹；占起造以大壮为吉，占父母病以大过为凶；防火得离，防盗得坎，防非得噬嗑与讼，防害得明夷小过与损，皆卦忌所列也。

右卦亦旧传所载，时有征验，然兼察用象更确。

且有古史所记占验者，如观之否，而妫育嗣于姜；归妹之睽，而晋依秦婚而复国。

陈敬仲奔齐，后大为田氏，晋公女为秦穆夫人，后依秦而复晋。

困之大过而夫陨，不利室家；出师遇复而射目，不利应敌。

陈文子言夫从风，风陨，不利娶妇；崔氏后败，射目，晋伐楚也。

屯之比而得名，屯之豫而得国，遇蛊而敌败，遇泰而谋成。

毕万筮仕于晋，得屯之比，见左传。晋公子重耳，筮适秦而得屯之豫，秦伯伐晋得蛊，晋公子复国得泰，右卦聊述旧闻，然与金钱筮义，断亦少殊，不宜执一而断也。

又有以德以位，配蓍而昌，失德逆天，得吉而亡者。子仪应乾五之大人，晦庵守天山之肥遁，宋祖筮离而违方，明宗得乾而复国，南蒯得坤之六五而反败，志逆天也；穆姜筮艮之八二而兆凶，戒失德也。

古人亦有筮吉得凶之事，德不足以配蓍也。先师星元，于出妻者得泰而言凶，劝之终合；瞽于健讼者得豫，戒勿终讼，不听而凶，泰豫本吉，而筮者志凶，则吉凶反应，此亦足为占者之戒也。

校正全本易冒卷之五

类总章第四十一

卜筮之道，因象以见吉凶；吉凶之见，因事以兆趋避；趋避之兆，乃系用神；用神所系，殊途而同归，万变而一致。辨之不详，而吉凶趋避，不得其正矣。

此言卜筮大法，以用神为本。

用神之法，或以卦，或以爻，或以内外，或以世应，或以五行六亲而考，或以八卦六神而占，然后以年月日时经之，飞伏互变纬之，旺相建生空破散绝进退刑害消息之，大抵舍静求动，舍衰求旺，舍病而求不病，而吉凶之轻重迟速应矣。

此言用神不一，止执六亲者不广也。

其法先辨卦后辨爻，卦有卦用，爻有爻用。卦用有八：一内外，二冲合，三反伏，四墓绝，五归游，六卦候，七卦义，八卦验。何谓内外？如占家而内为人，外为宅，内宜守，外宜迁也。何谓冲合？如三冲之卦，天人不交，始终不协，六合之卦，贤亲夹辅，人事顺成也。何谓反伏？反吟而心反事悖，伏吟而神怵气分，唯国占师占人宅之忌也。何谓墓绝？如震化坤，木墓未而绝申，离化乾，火墓戌而绝亥，唯国占师占身命住基疾病之凶也。何谓归游？归魂主不出，游魂主无定也。何谓卦候？候逢旺相，不以日冲为破，卦值死囚，不以日建而兴，唯邦畿人宅之占也。

何谓卦义？如筮晴雨喜乾离之晴，占坟茔畏风水之卦也。何谓卦验？如筮涣而言腹内怀人，噬嗑而言日中为市也，此卦用也。故用有取于卦者，先卦而后爻也。

此专重卦体论也。卦候所司者远，故不以日为兴废，如震当旺相，虽值酉日而震不破，坎当死囚，虽遇子日而坎仍死也。

次辩爻，爻用有六：一世应，二两身，三六亲，四六神，五爻位，六变互。何谓世应？世本应末，世主应人，成卦之主宰也。何谓两身？一卦身，二世身，卦身较重也。何谓六亲？财官父兄子，用之各有主也。何谓六神？龙雀勾蛇虎武，忌之各有司也。何谓爻位？如初为地，上为天，五为君，二为臣，因事有属也。何谓变互？动则观其变，静则占其互，因用而求也，此爻用也。故用有取于爻者，舍卦而从爻也。

此专重爻象论也。

然成卦之主，世应为重，其忌亦有十：有空、有破、有绝、有散、有墓、有动、有合冲、有随墓、有助伤、有升降进退，空则无成，破则多败，绝则多困，散则全失，墓则难举，动则多变，合冲则将成而败，随墓讼病之恶地，助伤灾患之凶征，进升如火之始燃，退降如木之方落，此其象也。故事须我成必以世，官以官成，文以文成，而世空则不成；事因人得必以应，财以财得，文以文得，而应空则不得。故用有取于世应者，舍卦爻用象而从世应也。

此言世应为卦主，故又详其所忌。

若万类之求，六亲为用，用不可胜纪也，各以其类求之，有用神则必有忌神，忌则喜静、喜衰、喜制；有用神必有元神，元则喜动、喜旺、喜生。故六亲之中，官鬼多凶，然有无鬼无气之嫌，父母为劳，然有无父无头之喻；六亲之中，财福为吉，亦为求名之恶客，兄弟无功，亦为子福之元神，此六亲用也。故用有取于六亲者，亦略世应而从六亲也。

此言六亲为用主，故须明其元忌。

是以察鬼神之情，莫亲于动变，变能克动象，动不能生变象，动能生本卦之静爻，变不能克本卦之静爻。变爻空破死绝，动爻不受其生克矣；动爻空破死绝，变爻生则救而克愈凶矣。唯一爻独发，尤贵知微。此动变之当察也。

此言用爻之后，动变为重，变爻止与本动爻为生克，近泛及本卦静爻者非。

搜用神之方，莫备于飞伏。伏克飞者出，飞生伏者得，飞克伏者灭，伏生飞者没，飞伏比和者拔，飞神空者易摧，伏神空破死绝者不举，而出不出分焉。是以伏神灭没者虽临日月而不取也，飞神破散，伏神虽生旺而无功也。先用世下伏，次动下伏，次静下伏，此飞伏之当搜也。

此言用爻之求，飞伏为详，虽临日月不取，止用虚悬日月也。此灭没破散，言其静也。

定旺衰之权，莫专于日月。日月之象，为君主、为将令，爻神孰能忤之，故虽旺动世应之爻，莫不咸服其化。日月克之，动变生之，云贪生而忘克；动变克之，日月生之，如被溺而得援。日建不受三旬之破，月建不落一旬之空，化克破而无伤，化空退而不碍。故月建以旺相休囚死之法为主，须知金生之内有克，土绝之内有生也；日将以长生十二法参之。月冲破，日冲散，月重克，日重绝，日有随墓助伤，而月则无也，故日尤亲。此日月之当权也。

此言旺衰专凭日月，月重旺相休囚死五法，日重长生帝旺墓绝也。

于是而辨其合冲，有卦爻之分，卦六冲，始即冲也；合处逢冲，冲其中也；合处变冲，冲其后也。若爻合而冲，成而解也，爻冲而合，战而和也，动合而绊，静合而起也。故合法有三：有生合、克合、刑合，盖生合吉而克合凶，刑次之。冲法有五：相扶而冲者谓之暗动，一也；相绝而冲者谓之散，不及暗动，二也；相胎而冲者，我克为动，克我为散，三也；胎绝之冲，旺相为动，休囚为散，四也；暗冲之散，胜动冲之散，动散无暗散散，五也。暗动之象，吉凶祸福，隐然而来；暗散之象，吉凶祸福，默然而去也。自冲有三：谓卦内动爻自相冲也，力相敌者皆散，一也；临日月不散，二也；一旺一衰，则衰散而旺动，三也。此合冲之当分也。

此言合冲轻重，冲法尤详日冲本篇。

于是而辨其月破旬空。旬空之法有八：月破而空，谓之坏空，一也；月克而空，谓之全空，二也；月生日克，日生月克，谓之克空，三也；无生无克，谓之安空，四也；日月独生，谓之半空，五也；日月生扶，谓之旺相空，旬内空而旬外实，六也；日冲则实，动空则实，月建临之则实，皆谓之填实空，七也；动空而遭破，纵动无功，空冲而遇绝散，虽冲不力，八也。若伏藏之空，阴阳之空，旬首旬尾之空，数学所有，然非所深论也。月破之法有三：破临鬼动而凶，破临动冲而无，一也；临日不破，二也；遇时不破，三也。此空破之当分也。

此言空破深浅，遇时月破之爻，及后值月而不破也。

于是而参之刑害局化。刑害之法，仍权于五行之生克为轻重，子卯之刑，刑轻而生重也；酉戌之害，生深而害浅也。盖刑为耻辱，害为怨离也。局化之法，局用其中支，化重其日干，故我遇破空绝散，是云徒合，有寅戌而无午，是名假局。六气用常，五运用特，爻干不发，则无运本，日干不合，则无化因。此刑害局化之难执也。

此言刑害局化四法，参用而不可执也。

于是而参之六神星煞。六神之用，必以六亲为本，子孙驾青龙而称庆，元武失官鬼而非偷。星煞吉凶，必以爻神为本，贵人见而官文两陷，未遂凌云，子孙空而天喜乍临，岂皆梦日。此六神星煞之难泥也。

此言六神星煞，参看而不当泥也。

合而论之，则用神为独重，尝总其吉凶轻重而辨之，盖十有八法焉：一曰日神，二曰月将，言用临日月也；三曰旺，日月之扶也；四曰相，日月之生也；五曰生，生言贪生忘克，转转来生也；六曰变生，七曰动生，变生亲而动生疏也；八曰安，无伤而无泄也；八者用神全吉之象也。九曰有玷，或日克而月生，或月克而日生，吉之半也；十曰旺相空，吉之又半也；十一曰安空，有生无克，求多不得而未至丧也，此用神半吉之象也。十二曰泄气，谓日月动爻皆泄用神之气，物不生矣，重于安空，有生仅全，有克乃没；十三曰死气，虽不遇空破，而日月动爻或一再克之，而无明暗之生，亦重于安空也；十四曰日破，日月克伤，时令休囚，爻神被冲，破其半矣，又重于死气也；十五曰月破，破而尚存其质也；十六曰克空，日月动爻克之且空，是无救也；十七曰竟无，谓日月飞伏变互，皆不得其用神，又重于克空矣；十八曰散，谓动逢日神变动之冲而散，虽救之无从，是谓大凶，此用神凶陷之象也。本此而精研之，而后吉凶之轻重无惑矣。

此看用神十八法，最为卜筮之要，唯竟无若当时相，及一象来生，犹胜于死焉。

明于此而吉凶之占，刻期而定矣。刻期之法，卦无用而值日成，爻忌动而填用灭，主象空而冲可获，用爻旺而墓乃收，绝逢生而出焉，衰谓扶而成矣。

此定日刻期之秘。忌神动而用避之，佳其避也，后用值填实，反宜慎之。

明于此而先圣之旨，无遁情矣。先圣之旨，未索其善而先索其不善，未搜其利而先搜其不利。盖既无其不善，而后索其善而善之，既无其不利，而后搜其利而利之，此卜筮之秘也。暬以凉德，不幸而盲于目，幸从师友得闻圣贤之遗书，竭神明之通变，敢自惜其一得，而使微言遂成绝学乎？唯后之学易者，毋以小道忽也。

此总看卦爻用象大法也。

国事章第四十二①

为国之要，必以进忠良，为万民之福，故福爻不可失也；必以退奸究，去四海之疾，故鬼象不可动也。

凡国占皆喜福临，而恶鬼动，此其大象也。

是以内为邦畿，外为人民，卦宫安旺而国祚长，爻象合和而宗社久；冲莫见于正之，合莫被于破害，则天下和平，而国家奠安矣。

次观旺衰动静合冲。

皇陛亲占，以世爻为主象，宜临日月生扶；臣下筮国，以九五当尊位，忌随墓空破。亲占而应合世者，后德著于膠木；臣占而二持福者，母仪冠于掖庭。

臣子占五为君，二为后，故云。

推之爻位，初为国本，二为士人，三乃万方之守牧，四为九州之屏藩，上为宗庙之爻，俱恶鬼而喜福，喜安旺而恶动摇。推之六亲，鬼者，国之患也，又为巨寇；福者，国之储也，又为良臣；财者，国之赋也，又为阍寺；兄弟者，国之聚敛也，又为宗支；父母者，山川城郭也，又为诏令。

观其所临所属，如鬼动乾宫，西北有事，福临三位，守牧得人之类。

是以鬼空内而无内寡，鬼发外而有外攘，近五而防僭臣，附三而戒酷吏，患在二而士横，患在初而民困。虎官不发于金乡，则无干戈，武鬼不扬于水地，则无泛潦；如火鬼螣蛇，岁忧火患，土官朱雀，年虑蝗灾。

---

① 内详迁都、建庙、择后、立储、改制、享国诸问。

凡鬼发内外、何宫、何位、何属，皆宜慎之，干蛊防奸，庙算当豫也。

子孙遇木而旺相，岁稔桑麻，妻财遇土而兴隆，年丰田野，父母值巳午而见，当启文明；子在青龙，则文士彬彬，子临白虎，则武功烈烈；动朱雀，善弹劾之章，摇元武，懿宫闱之德；勾陈得田畯之喜，腾蛇籍使臣之力。

凡福临五行六亲六神，俱是祯应，故福摇元武，亦为后宫之美。

如问迁都，犹迁居也，当以外旺为凭，鬼兴为忌。如问建庙，犹奉灵也，当以三冲六坏鬼动鬼疾鬼克为忌。

迁都建庙，皆忌贞冲、悔冲、合处逢冲之例。六爻太庙所属，故不可破散，鬼为太灵，故不可鬼动、鬼空、鬼散，及鬼克世也。

择后犹婚姻也，财在何宫，当应何所。

如财在中爻，当得晋女，财在内卦，当应本都。

立储喜子孙跨于日月，改制忧官鬼发于强梁。若占享国几何，以岁为纪，有岁则一位一元，再之亦一位一元，然必考其本宫之旺衰、鬼象之动静，方可推而定也。

岁司年历国祚，如己亥年，得丁亥太岁，有六元之运，又以内卦参之，鬼动权之，方可推也。

闻之先贤曰：以正得国，以德守国者常；以力得国，以暴守国者不常。天命之矣，宁俟筮哉？且天授之学者仁知，人授之学者象数，安能以人授之学，测天命之微？唯述旧闻，以备昭格，占者慎之。

军机章第四十三①

国事之大，莫大于用兵，古圣王慎之，盖尽人力以应天功，亦尝谋于著而作外也。出师之要，先分彼我，形成主客，专以世应为凭。统论安攘，则以福鬼而断，世为我，应为敌，喜世强而制应；福为兵，鬼为寇，宜于旺而克官，庙算胜负于是见矣。

兵占先观世应，世克应则胜，应克世则负，世应比和则胜岁等；世生应者我怯，应生世者彼让。复考子孙为我兵，旺相发动则勇往，休囚空破则不振；鬼为彼贼，旺相强梁，休囚披靡。如世坏，虽克应动子孙，亦曳甲而归；若应坏，虽克世动官鬼，亦夺旗而返。

如问立营下寨，安危凭鬼，而内外毋墓绝反伏空破，犯则麾幕不安；两象毋冲击，犯则将士离心，不可次舍。

筮兵次舍，最忌鬼摇，恐为敌人劫掠。最恶内卦犯疾，及六冲，上下乖离。

问城攻守，兵行水陆，战利迟速，及遣将用计，意在必胜，皆以世应占之。若朝廷拜将，及择人用间者，乃三军之大任，必仁勇达变，当以宾应辨也。

六占皆论胜负，惟忌世坏及应克世，而随官入墓、助鬼伤身，主有覆军之败。惟用间不同，类于嘱托，应爻空破散绝，机谋泄漏；应爻克冲世位，乃反奸之徒。君著任将，亦如用间之法。盖古之用兵，莫大于求将，莫难于用间，或内结骨肉，或谊兼师友，故用宾应也。

问守问战，当以胜负分彼我；问款问降，当以忠奸察应爻。时日利战，得时而我利，防守无虞，鬼动而来侵。应克世为蚕食也。

---

① 内详立营、攻守、水陆、迟速、遣将、用计、拜将、用间、问守、问战、问款、问降、时日、防守、防刺、行刺、内应、火攻、因粮、讨战、沿剿、求援、求济、救援、守城、敌来、被困等问。

得应坏世克应，则成百战百胜之功，世坏应克世，则忍三战三怯之耻。敌降于己，己款于敌，皆察应爻真伪，忌应克世。若卜日时之占，如用兵于秋时，则利金爻持世，出师于亥日，则利火爻属应也。

防刺鬼为刺客也，恶其动；行刺应为所刺也，好其疾。

若随墓助伤，防刺大凶，鬼动鬼克世亦凶，惟空破为吉。行刺应坏敌人数尽，可以得志，或世坏随墓助伤，敌人虽灭，我亦随亡，或鬼兴而世旺，敌虽刺我，我数未终也。吉内藏凶，凶中有吉，辨之。

用应如用间，用火如用计，鬼动则谋败焉。因粮于敌，截饷于途，财旺则计得焉。

内应可任，法如用间，但不可鬼动，则功未成而先败；用火法如用计，务在胜负，然水火为民害之大者，亦忌鬼动，或谋泄流祸。

盖或寇有地而用应，寇无地而用鬼。是以两军对迎，法世应之克生，四野剿除，度鬼福之强弱也。

若据城郭，成两军之势，则考世应生克虚实以为胜负。如流寇无定，必四向剿灭之，则论福鬼强弱。

飞檄求援，应疾则为不援，克世则为不轨。上书求济，六冲五疑，君象冲克世爻，则不允济。同仇相援，则如用师也。

应空破散，则无周急之情；应克世爻，非惟不援，尚有他奸也。五爻空破散绝，谓之五疑，盖五爻为君，克冲世爻，恐逆耳不允。彼困我救，断如用师。

筮城虑破，鬼动鬼克则危。筮敌来期，应克应动则速。筮军被困，世墓世伤则凶也。

若患破城，不拘父母，反专官鬼，发动克世则危。

故兵法不一，象理非二，凡主帅空而中军折，贼首空而敌人逃。生我之动爻，喜有援兵，克我之动爻，恶其助敌。犹有彼虽败而不能胜彼，谓其有生也，己虽伤而不能害己，谓我有扶也。全盛而衰，将靡而起，进退反复，存乎神尔。

主帅谓世，贼首谓应，全盛而衰，谓动冲，将靡而起，谓绝生。

惟鬼不可得时势，恐其害成，不可遇长生，恐其难灭，不可临胎养，恐其方兴，不可暗动，兼伏鬼克世，恐其谋刺，不可上下克世，恐其内应外通。

上下鬼克世，即内外鬼也。

欲视贼人之布何策，用何兵，进何道，我将何以应之，何以克之，何以取之，俱验五行八卦消息而已。故鬼动内而防间谍，鬼发外而虑野战，鬼动乾宫，伏兵于庙，官兴巽卦，匿从于林，坤鬼是戒纳降，震鬼非当却叛，艮忌冈陵之困，离忧市井之攻，兑毋信其说口，坎毋听其诱语也。

此言八卦取象，盖鬼之所现，即敌之所谋，坤顺鬼动，其降非真，震振鬼摇，却叛必变，兑为口、为悦，则说言必诈，坎为耳、为陷，则卑辞必谋也。其余类推。

火鬼动，非劫寨而谋于纵火，水鬼动，非水淹而计于囊沙；金为流矢之凶，木为胶舟之诈，土为平原之战；起于离而南来，发于坎而北犯；艮坤敌出于山阜，震巽寇自于丰林；乾以老弱骄吾军士之心，兑以子女惑吾兵卒之志也。

复言八卦及五行取义，或云木有生兵，土有坑陷。夫敌进退布策，惟深心测度官鬼情形，取象取义，可得之矣。

子孙动水，则利于水战，福神动火，则利于火攻，土以砲石胜，金以弓矢胜，木以舟车胜也。子动坤宫，屯兵相助，福兴震卦，壮士来归，乾为丈人之良谋，艮为少年之秘计，坎当外示其弱，离当内示其虚，兑当饰以卑词，巽当勇于趋进，皆发子孙，而取胜也。

兵占福临皆吉，或属五行，或现何宫，各以象推。

然父母为彼我之机关，妻财为彼我之兵甲，弟兄为彼我之埋伏，鬼为贼众，子为将士，考生克衰旺以分美恶也。

兵占六亲之分如此，父母为计策，亦为军师。

是以鬼临吉神，纵吉而不吉，福居凶煞，纵凶而不凶。且有子化官者叛，官化子者降，飞伏官而随减随起，内外子而屡战屡捷。阳为正兵，阴为奇兵，子孙官鬼以别其利也。合则结，冲则绝，静应守，动应攻。常问决策在人，成谋在天。盖筮蓍之从，鬼神之情，喜直而恶曲，辅仁而伐暴，占者鉴之。

天时章第四十四①

晴雨之占，不可以自试其术而轻渎鬼神，如亢旱而求雨，霪雨而祈晴，心切民瘼，圣贤来告矣。

凡有所占，发宜分请，卜晴者，法以子孙为日月，盖日月照临万宝以成，故取财元也，或当于发动、现于旺相、值于日月，则天将霁矣。

分请谓意在祈晴，意在祈雨，晴以子孙为用，雨以父母为用，则易辩也。

卜雨者，法以父母为天地，盖天地闭而日月掩，父动子伤，故取子忌也。父母旺动而雨速，衰动而雨小，冲散将雨复晴，暗动雨将作，月破作而无雨，化克将止，化子孙雨中日月，化兄弟雨后风生，化鬼则雷雨并至，化父则霪霖更作也。

祈晴察子象，亦同此推之，不出旺衰动静合冲而断也。

古人常以水为雨，火为日，阴为晦，阳为霁，世为地，应为天，未为尽善，必察子父临水火阴阳世应之位，而后定焉。若执而言之，则夏必多晴，冬必多雨，甲申午空不晴，甲寅子空不雨哉？是以夏火父动而雨霖，冬水子兴而日出，不可惑也。

此言父母子孙为重，水火阴阳不能泥也。如午建辛卯日占晴，得睽之未济，雨至己酉日方霁，则可法矣。

虽云父雨子晴，而有卦象合冲之法，则不拘于二者。是故得

---

① 内详占雷、占风、占雾、占雪、占水、占冰六问。

乾离者，日月照于九天，得坎兑者，滂沱遍于四野，此从卦断也。夫六合则云迎而雨降，六冲则晦散而日升；先冲后合，昼晴而夜雨，先合后冲，朝晦而午霁，此从合冲断也。故从合冲断，则用神为轻，从卦象断，则合冲又轻，不可不知也。

此言卦象及冲合为重，父母子孙不能执也。如申建甲寅日，占雨得旅，次日大雨，卦虽无父，因六合而乙卯值父故也。

天地之鬼神曰雷霆，以官鬼像之；天地之呼吸曰风云，以兄弟像之；生育我者天地，以父母像之；滋百果草木之生者日月，以子孙像之；收天地之阴晦者虹霓，以妻财像之。

鬼神为雷霆，则雹同推，兄弟为风云，则沙同推。

筮风有无，惟以兄弟之衰旺；筮风顺逆，当以比肩之克生。雾以比肩，雪以父母，喜而求诸有，忌而求诸无，兼摄他事，又以义起。

如子建丙申日，客来忧雪，得无妄之否，是日不雪，客至。乃用卜行人，应克世故来也，若以父动为雪则惑。大抵用神在占者意之所重。

冰与水，驾舟者常占，若父旺动，水平行而长驱；如父破空，冰连结而不进，盖舟车以父为用也。

冰水无阻，舟车易进，冰水有阻，舟车难前，故反以父母为用。如占久晴害田，久雨害蚕，则财福为用，余以类推。

叩天何日雨者，父母逢生遇冲所值之期也；何日晴者，子孙当见之神也。而占法或以月卜，或以日卜，或以旬卜，或以时卜，不可溷也。如巳爻子孙，巳日晴，而后巳日雨者，故宜分请，问天道者，当如是也。

当见，谓干支皆值也。如庚辰年，瞽初游武林，霉雨不止，午建甲申日，顾观察忧民禾，命占晴，得渐之涣，申动子孙，当日不霁，及丙申日子孙当见，而后大晴。然卦内无财，秋成应饥，盖其属意占晴，意在秋成，故无财亦验尔。天道渺茫，晴雨非遍，常有河北雾而河南晦者，是以占所占之地，祷所祷之期，分请之法，宜如是也。

岁事章第四十五①

岁之成熟为丰，时之安平为泰，夫丰所谓天施地育、物阜民饶，故取用以财，盖万物以财为象也。是以财有气而五谷登，财无病而百果结。

占丰歉以财，占治乱以鬼，此岁占大象也。

财实火木，利春夏之耕耘，财值水金，宜秋冬之树植。子空则蚕妇徒劳，财陷则农夫失望。

以时以象言之，子为蚕，田为财也。

夫鬼为时之祸患也，宜静不宜动，动则四方多难；最不利于金官，恐干戈满地；亦不宜于土鬼，防瘟疫流行。水为淹没之灾，木为桑麻之难，火为焦枯之患，及炎火之忧也。

动兼螣蛇，非妖兴闾里，则痘损婴儿；动兼勾陈，非螟蝗害稼，则土地多荒；动兼白虎，非兵革顿起，则虎豹来游；动兼青龙，寒曝失时，而花果谢实；动兼朱雀，主流言横议，而民口难防；动兼元武，主雀耗鼠窃，而弭盗无术。是以五行六神，皆不可值鬼动也。

龙本属吉，鬼扰起凶也。

财化鬼者，薄于西成；鬼化财者，难于东作；官化子者，则有致治之政；子化官者，则有兆乱之机。

鬼化财，虽难于东作而有收，不如化鬼之甚也。

若筮天下则丰歉不均，所以动于巳而楚荒，摇于震而东乱也。

乾分冀州，坎分幽州，艮分青州，震分兖州，巽分徐州，离分扬州，坤分荆州，兑分雍州，中为豫州也。盖中宫附入坤分，如九星天禽，附入

---

① 内详丰荒、田蚕、兵凶、疾疫、水旱、分野诸事。

天芮之意也。子分齐，丑分吴，寅分燕，卯分宋，辰分郑，巳分楚，午分周，未分秦，申分晋，酉分赵，戌分鲁，亥分魏也。盖鬼动是分，则是地多难，其所在所临之官爻，亦有小厄，但静则不甚尔。

是以鬼从初而物杀，鬼从二而民瘼，鬼从上而天怒，鬼从三而吏苛，于五君忧，于四臣辱，其法惟以财实为丰穰，鬼动为荒乱，其义如此。

鬼动是位，妖作是处，虽静不凶，亦有小疾。

身命章第四十六

谓我身受命于天也，此宜有专问，则授命如响。内详寿夭富贵道业妻子趋避大限小限之法。

告圣贤曰：我生成败得失亨困何如，即世爻不可病也。世爻不病，则成而不败，得而不失，亨而不困矣，故曰：世乃平生之本也。

一生成败，独世主张，无休囚伤退，谓之无疾，有空破散绝谓之有病，若父子夫妇弟兄请占，当分用神。

随官入墓、助鬼伤身，常防病患；伏吟反吟，化居墓绝，难免迍邅；正冲悔冲，合处逢冲，终多得失，此平生之概也。若有专筮，则有特告焉。筮曰：寿夭何如，则破散空冲定之夭，日月旺相定之寿。旬空限绝，天克地冲，是共考终也；推而深之，虽日月可知也。自占凭世，六亲凭用，旧专执父母为寿者非也。

旬空，谓后来年旬空，限绝，谓后来行绝限。如戊子生人，丁丑寅建辛亥日，占自寿得师，世爻绝亥生寅，其寿未已，及戊子年孟秋令寝，乃甲申旬空午，子岁破午，十年后行午限绝亥，庚申又破寅生，是以终也。余仿此。

筮曰：我能贵乎，官父贵之本也。以学而得名者，必父爻之高朗；以功而得名者，必官象之昌隆；以位而卜其禄之尊卑，以会而卜其成之岁月，以八卦为方隅，以五行为司属，以六神为班列。金为兵刑，水主河海，土主税赋，火主礼仪，木主考工；乾为西北，巽为东南；三为守牧，五为台省；龙为文翰，虎为武卫，雀为言路，元为水利，陈为地土，蛇为使节，生旺则得，死墓则失，而官制代更，则随义而起也。

以文章取进，则专用父母，贡举亦然；以事例擢拔，专用官鬼，从武袭爵亦然。官立四五之位则显，文临当现之年则第，官值生旺之岁则拜，五行为司，八宫为方，六神为职，六爻为级。

筮曰：我能富乎，财福富之本也。生平之挥霍者财，旺则有余；生平之安乐者福，强则多庆。惟有财而无福者富而忧，有福而无财者贫而乐，然必以身受之，故世爻不可伤也。

问富贵先看世象生旺，世空无成，世破不享，世散绝则不终也。

且问道而忌六冲，问妻而忌财陷，皆不可以世空也。问子而忌子虚，旺相则多，休囚则少，空散则刑，克冲则暴，带吉神而贤良，加凶神而顽劣，跨身世而迈种，登日月而昌荣，占弟兄者亦如之。

若世爻被子孙冲克，则男女忤逆。凡问父母更有兄弟否，则视兄弟，其他皆卜子孙。

如问趋避，则福为我所趋，鬼为我所避。官鬼克世者不以贵言也，火鬼克身而忧焚，水官伤世而患溺，带白虎则避兵凶，加元武则防盗贼，虽青龙亦恐惑于酒色也。所以鬼属之物不可食，鬼发之宫不可适。丑鬼成牛，卯鬼戒兔，戌为疯犬，午为狂驴；鬼发兑而毋妮少妇，鬼发乾而毋近老僧，鬼发雀符而防官非之扰，鬼发陈蛇而招轻诺之凶；发于离而目瞖，发于震而足跛，于金则病肺，于火则病血；鬼发游魂而莫近于新所，鬼发归魂而莫还于旧乡。生合世之方宜往，克冲世之方宜回，生合之人可交，克冲之人宜远也。

以五行六神八宫诸星及十二支所属鬼动，近取诸身，远取诸物，而趋避得矣。

夫艮发子爻，利修身于山谷，乾兴福象，宜砥节于朝堂。巽求花果之财，震觅舟航之息，兑以酒食之资，坤以庄田之益。动于木上，应守业于桑麻，摇于水中，宜治生于江海，火向炉煅之肆，金趋玉石之门，而土惟诚信耕耘可也。常谓虎财宜屠，雀财宜优，龙财宜乐，麟财宜技，蛇财宜商，武财宜肆。无财而有官者，技善巫医，无官而有财者，运宜商贾。

福乃财之源，财乃利之主，故财福所适八宫六神五属，皆为资生之处、功业之乡。如子发乾宫，殿折庭净，亦无祸也，不可以子动伤官为言，若专问仕途，仍复为忌。

世临子孙者，恬澹宽和，宜僧宜道；世临官鬼者，英雄勇悍，宜武宜文；世临父母者，是谓生我于劳；世临妻财者，是谓溺我以豫；世临兄弟者，是谓义利相胜也。

父母为劳碌之神，故像操持；妻财为饶豫之像，故戒骄溺；弟兄以义相亲，以利相疏，古者义利持中，否则主贫也。

世折于木者，修仁以植之；世崩于土者，立信以培之；世空而安者，莫若离尘；世空而动者，莫若奋志；动而冲散戒骄盈，动而生扶善结纳。

此勉人迁善之法。盖五行具五常，木仁金义火礼水智土信是也。设如木爻持世，或遇空破散绝，谓于仁有亏，非夭即疾，苟能修仁以植其木，则夭疾可延也。其他类推。

无父母曰孤而依，无子孙曰独而继，无妻财而有子孙者孕于他妇，无父母而有弟兄者胞于异母。官坐世者夫纲整，财坐应者妻德备，卦空破而出寒微，宫旺相而产豪富，官父伏而有气者，成名于暮年，财福藏而无伤者，起家于晚岁。

无六亲，此言其大象，或伤于前，或损于后，不可执也。

两官者兼御之官，两父者再试之第，两身者再立之基，两财者再婚之约，两子孙者男女嫡庶，两弟兄者手足同异也。

其详备两现章中。

变官而登日月之上，则是意外之官，变财而入旺相之中，则非望内之财也。动克世而多尤，动生世而多助；进神则祸福愈彰，退神则吉凶渐已；用神遇绝生者，先困后亨，用神遇有无者，始华终悴。

此言吉凶征胜之道，卦无官鬼，非善求名，若变有日月官爻，当应特遇爵禄；世财逢绝，生平失利，如或长生，则先败而后成。盖动生世，好我者多，动克世，恶我者众。

犹有犯六害而手足参商，犯三刑而骨肉仇敌；贵人文昌天喜天禄及诸星有吉，亦必因吉而后求之，羊刃天贼官符天狱及诸星有凶，亦必因凶而后索之。语云：八卦成例，五行先之，六亲随之，六神象之，诸星辅相之。吉凶相称，扶阳抑阴，过恶扬善，而后可以筮趋避之验也。

此言星煞吉凶，若用神得地，然后以吉星符之，用神失位，然后以凶星象之。如丙戌子建戊申日，戊午生人，占身得小过之艮，世命投墓，本主寿夭，其午上有天贼元武羊刃大白虎之临，后戊子季秋为贼所杀，可见因其凶而像之也。倘或身命求贵，官临日月，而同白虎羊刃，则应太阿可握，兵衔可操矣。故曰：六神像之，诸星辅相之，法宜如此。

大限自贞之初爻，以顺巡乎悔之初爻，悔之初爻以顺巡至乎伏之初爻，伏之初爻以顺巡乎贞之初爻，阴阳之数，九变乃还，故九十复归贞初，三世再始；无变从互，去闰从时。有言胎元体骨之别，乃谓初生，筮而以告也。年五十而筮之，则所往成败利钝以历，吉凶何求？易云占事知来，则必以所筮日时而始推初爻也，其吉凶以空破为危，冲散为戒，遇用为得，会忌为失，生合则顺，克冲则逆。五年中加以小限齐之，是筮之日而始发于世爻，顺而上下，周而循环，一年一位，其吉凶亦法式于大限。而再以岁齐之，其吉凶以虚而喜实，绝而喜生，无而喜见如此。

法曰：大限五年一位，始自初爻，小限一载一位，起自世爻，弥月婴儿，筮用此例，其余少壮，皆以所筮之日时，起大限小限于初爻世爻也。无变用互，从时，以占时节气为准，如今占惊蛰，则以来年惊蛰为一年也，闰不算。易之所谓占事知来，不占往也。大限以小限参之，小限以岁月参之，虚宜实，绝宜生，无宜见而已。大小之限，俱忌空破散绝克冲及忌神之地，宜日月旺相生合及元神之乡。如己丑寅建庚午日，己巳命占贵，得损之剥，卯官发见，当第辛卯，然大限巳文书化未兄弟，小限三年在子，是岁失利；后甲午榜，大限在卯，小限亦在卯，乃元神之乡，其年中式，余仿此。盖大限、小限、流年，必先考流年之用忌，次详大限之休咎，复索小限之吉凶，其轻重有等级，占者审之。

盖其限同也，其占殊也，是以筮上而用于父母，伯叔同焉；筮下而用于子孙，甥侄同焉；筮室家而用于妻财，仆妾同焉；筮手足而用于弟兄，宗娣同焉。丈夫用官，良朋用应，而不可错审也。用神是定，造化乃分，然筮者无侥幸之心，无固必之意，而后神告之矣。

年运章第四十七

圣人作易，以前民用，使天下知吉凶，而为趋避也。故虽圣哲，不废蓍龟，然占者须分远近，或筮三年，或筮今岁，皆以世爻为本，故世爻旺者身安，鬼爻静者灾息，随官入墓、助鬼伤身，则讼起而疾作也，反吟伏吟、化居墓绝，大病将至也。此年运之要也。

反吟伏吟墓绝，当察主属，若身系长男，伏吟则恶，身属中女，反吟则凶之类，非是皆不忌也。

且世空有谋而虚望，世破无故而致灾，动则劳，静则逸，冲为行未举而先疑，散为事未成而随败，旺相则事每顺成，休囚则往多淹滞。

年运占法，实系世爻，若日月生扶，旺相安静则吉，空破散绝，休囚发动则少安也。

犹有得坎艮而忌出行，得屯寨而忌拜疏，得井而难迁，得遁而不进，得姤而毋耽女色，得无妄而毋事妄求，得小过而毋留怨于小人，得兑而毋纵其口，则占者之戒也，然必因鬼动而推之。

此以卦象趋避，然必兼鬼爻发动，若鬼静则莫将卦名推祸福也。盖官鬼为年运之忌神，谓不宜老，世爻为年运之用神，谓不宜病。

然鬼发之宫，及鬼发之爻，亦有戒也。动于坤，则老母、土田、文章、坵墓、大舆，而缘于祸；动于坎，则江河、丛棘、盗贼、酒食、心病、耳痛，而兆诸殃；动于震，则舟车、旌旗、仙道、长子、尚武、宿怒，而生其咎；乾常应朝廷、寺院、西北、乘马、折舆之忧；巽常应风姨、悍妇、园林、利略、鸡鹅之病；艮为童稚、坟塚、阉寺、啮虎惊之由；是以目昏、腹大、戈兵、甲胄、南行而受患者，起之离；花柳、轻狂、师尼邪惑、以言而取怨者，起之兑也。伸八卦之象，像万类之形，而趋避兆矣。

此以广八卦为祸福趋避之象，余可引而申之。

以六神而分龙喜、虎丧、雀非、武盗、蛇惊、勾滞之别，以六爻而分老少长幼之等。盖鬼动于五，父不安，动于初，子不宁也。

龙曰喜，虎曰丧，雀曰非，武曰盗，腾蛇虚浮，勾陈迟滞也。初子二妻三弟兄，四母五父上祖也。

以六亲之化，而分父母、兄弟、妻子之疾，及为找难。盖弟兄化鬼而鹊鸽飞，鬼化子孙而麟趾戚，鬼化财而牝鸡鸣晨，财化鬼而孤雄啼夜也。

子孙化鬼，卑幼兆灾，鬼化弟兄，手足召祸，鬼化父母，忧及尊长，父母化鬼，患发文书也。此重独发。

以世应分彼我，以傍间为连勾，以阴阳为现在将来，以旺衰为大小，以星煞为事端，此避凶之道也。

世鬼自己之祸，应鬼他累之祸，傍间鬼勾连之祸，阳现阴隐，旺大衰小，星煞以符其事，如桃花，则妇人之祸，若天贼，则穿窬之害也。他以类详。

夫官文静旺，宜以求名，财福生扶，宜以问利，子旺贵人，诞儿跨灶，应财生世，得妇齐眉。盖爻神得地，鬼象不兴，此趋吉之道也。

世既旺矣，鬼既静矣，然后索卦爻上下，或何象持世应、临日月、居发动、分生克，以为吉可趋也。

大抵年运之占，避凶为先，趋吉为次，故吉欲其自无而有，则必年运之生旺用神也；凶欲其自有而无，则必年运之制伏忌神也。以喜忌推衰旺，以岁月合世爻，巳世逢亥月而遭迍，酉世逢辰年而得济，乃其法也。审此，而吉凶趋避之道，思过半矣。

如时下乏嗣，年运内逢子生，当岁即孕；时下构讼，年运内逢官鬼墓绝，其词乃灭；如卦中有元官之发，年运内值岁而方见；如世爻落空，年运少利，后值太岁，是年诸事可图也。先求避凶，后求趋吉，一动一静，不可忽也。

卜居章第四十八①

日之所作，夜之所息，出入无不由中，当先求其安，后择其利，故官鬼于居为殃害、为妖孽、为火盗、为官丧，动则有其事也。

已住之居卜内卦，未住之居卜外卦，不遇正冲悔冲合冲、反吟伏吟、墓绝空破，而逢旺相胎没之卦则吉。卦司气象，气象旺而家业昌，鬼司祸殃，祸殃作而门户警。

卜居之法，先察卦临旺相，后问福财。

如鬼动于火，天垂荧惑之殃，鬼动于水，地受横流之害；雀

---

① 内详新旧居、还旧、合新、共居、创造、兴修年月、匠工、庙宇、道场、公署、馆地、蚕室、仓栈、贾肆等问。

非武盗，蛇怪虎丧。在世则主人少安，在应则宅毋失利。盖以鬼动何爻，而兆祸之报也。

五行所司，木鬼主风波，土鬼主瘟疫，金鬼主兵丧。六神所司，青龙鬼为喜伪，勾陈鬼为田荒。六爻所司，初井二灶三床席，四为门户，五为路为人，六为栋宇墙壁。鬼若动此，祸则从之。

卜基之形，父母旺而房屋宽，官鬼实而厅堂整，妻财丰而仓厨盈，子孙破而廊厢损，兄弟陷而墙垣倾，世应空而邻乡冷。

父母覆庇，屋之象也；官鬼宾客，厅之象也；妻财饮食，厨之象也；子孙卑小，披之象也；兄弟护卫，厮之象也。

旧居久否，三冲及游魂、世动世空而难为长策；新居吉否，三冲鬼动、外卦病伤而未是乔迁。复还旧居，虽未并而占内卦，会合新居，虽已就而卜外爻。

冲则不长，游则不定，空则不处，动则不留也。外卦病伤，如反伏吟、卦墓绝也。旧居重还，亦占内卦，新居虽得，亦察外卦。

与人共居，应空破而不我顾，应冲克而非我从，贞悔合冲，朝入室而暮操戈之人也。

亲人共居，属在用神，他人共居，属在应爻。

卜创造，利在安久，亦忌三冲。内衰而鬼动也，卜兴修防有妨碍，官克世而犯阴阳，鬼值动而起灾咎。选择年月，鬼动以为忌，克世以为凶。匠工，应坏为拙，克世为诈，六冲则不终也。

造作兴修，皆忌鬼发。

卜居庙宇，专忌鬼发；占建道场，专喜福兴；占兴公署，官旺而爵迁，世空而解仕。

卜馆地重文书，鬼动不可；占蚕室重子孙，官空是宜；占仓栈、优场、浴室、贾肆者，专务于财，无他求也。是故居求安，事求顺，谋求济，所以鬼发则不安，卦反则不顺，用失则不济，此卜居之法也。

卦反者，如三冲反伏墓绝空破之类。用失者，如心之所求，为财用财，为官用官之类。

营葬章第四十九[①]

古之卜地，以安亲之遗体，而非有他求，然一体之感，安危亦应后裔，所以子孙为祭祀，而不可衰也，世为主穴，而不可虚也。斯二者，地理之要也。

喜子孙遇日月旺相则吉，逢空破散绝则凶。复以世爻实而不虚，旺而不病，始可言善。盖空非真，散是风、蚁、沙、水，破为伤损，冲经开凿，临鬼为古墓也。

是故巽为风，坎为水，乾为石，兑为沙，离为蚁，蛊为虫，井为泉，明夷为伏尸，此八者，风水之卦忌也，虽世与子孙皆旺，不能为吉。且坟以久为利，墓以安为藏，所以贞悔遇冲，合处逢冲，大则洪泛陵葬，小则迁移更改，随官入墓，忌有古塚，皆不用也。

以世随鬼入墓，属土尤甚，右卦忌、爻忌，虽世实子旺不用也。

是故卜地之秘，不遇卦忌，不遇三冲，不遇世墓，世爻实而子孙旺者，尽善矣、尽美矣。子孙旺而官文得地者贵，子孙旺而财得地者富，子孙旺而遇帝旺者多男，子孙旺而遇长生者多寿，子孙旺而遇羊刃白虎者出武夫，子孙破者出残疾，子孙空者出僧道，子孙绝者覆宗嗣，子孙散者主生离，子孙休囚，而带孤神寡宿者出四鳏，子孙休囚，而带元武咸池者出滛奔，子孙受伤于外卦及游魂者，主暴死他乡，子孙坏而带刃虎及金鬼独发者主戮，坏而及水火独发者，主水灾火厄，坏而带符狱武贼者主盗讼。

此专察子孙衰旺，定其吉凶。

卜地之形，青龙空而左凹，白虎动而右凸，元武陷而后虚，

朱雀冲而前杂，间爻旺而明堂宽，上爻空而水口缺，勾陈实而来龙端，螣蛇冲而去路裂，应克世而案山高，应值空而印心侧。

以六神、六爻、世应分形势，以旺崇、衰卑、空虚、破碎、散乱、绝伤、冲损、动昂、合和、生世为助、克世为欺、坐鬼为尸。

旧传二为穴，乃地中爻也，蛇为穴，处穴之物也，此非通论，故专以世为主穴者，则变而不穷，于是乎。金官持世，穴碍石岗，水官持世，穴入泉渠，木官持世，穴发竹木，火官持世，穴伏蛇虫，土官持世，穴乱坟塚，此必以子孙失位而云也，旺则不泥，虽临亦轻。盖以六兽六爻占其形，世占其穴，子占其福定矣。

二爻为穴，只有寅辰午亥丑巳卯，而十二支不全，巳日蛇必在初爻，惟其不化，故法以世为穴，以其能变通也。鬼在世为穴病，若子孙日月旺相，则不拘焉，谓其可修补尔。大抵神与爻，考其形势，世与福，考其真伪。

卜地师美恶，先重其学，应不可破空，后重其心，应不可克世。父母旺而应爻虚，博览长而眼力短也。

卜得地有无，有父母而有，无父母而无，及世不可空，空则有而不遇也。卜在何方，察所属之方，火南而水北；在何处，察所居之宫，艮山坤野，巽园坎沼；在何时，父母实而世合之期也。

觅地以世陷父空为戒，何方何所何时皆宜分卜。设或并祝，如瞀丁亥寅建丁未日，为父母觅地得否，世空不遇，及后辛卯五月始得，九月葬于朱村，验其卯岁实世，未附西南，五月合未得之，建戌葬之，互渐内得艮，未在坤，山足平原之所也。复如癸巳岁戌建癸丑日，筮有地遇大畜，本岁不得，至来春正月，就地于南山，亦午父居艮，实寅世之征。

占穴上下，当以世爻推之，占穴吉凶，亦以子孙为断。

世在初二地穴宜下，世在三四人穴宜中，世在五六天穴宜上。

占六亲寿地，各以用爻，旺相为吉，而恶鬼动。若占地之臧否，仍以世爻子孙断之。厝柩于地，寄棺于庙，安灵于家，并灵喜怒，其法一也，惟亡者安而生者乐，则官鬼忌动空破，喜宁静生合，不可克世，而为吾灾害也。助鬼伤身，随官入墓，及正冲合冲变冲者，则不问官鬼如何，而直言不吉。若合葬傍埋，吉凶取用，同于地理。

买地同谋望，卖地同脱货，托守同用人，改作衰益。选择年月，意在得吉，则世旺子兴，意在避凶，则官克鬼动。

买地，遇正冲合冲，及卦无官鬼、空世应者不就。卖地以财为用，托守以应为凭。改作修方，如值助伤随墓，官克世爻动者毋修。

且夫坤艮之占，随时而凶吉，用爻之法，随事而变以墓为千百年之大事，男女命之相关，卜者以诚，断者宜慎，若谋人之成穴，破人之吉地，地理得而天心怒，鬼神所不告也。

风水以六冲为戒，然春前占山之艮，秋后占地之坤，不可例言凶也。

校正全本易冒卷之六

家宅章第五十

　　家宅，一家之趋避也，莫不以安为乐，以顺为道，故官鬼戒其动也。夫克我为鬼为难，动则难作，所以象像而为祸也。

　　是以水鬼动而远河川，土鬼动而莫堵宅，金鬼动而慎刀针，木鬼动而徒种植，火鬼动而防回禄；武鬼发而戒亡财，白虎为丧服之忧，朱雀为讼词之虑，螣蛇现怪异之端，勾陈起土田之衅。惟青龙利爵级文章，不利胎产，及进丁口也。

　　青龙吉神，以同鬼发故不利，恐害生于喜尔。

　　动于坤艮，坟墓有疑，摇于兑乾，天神弗喜，震巽祸育于舟楫，官椁停家，坎离患生于耳目，并灶失所。

　　此言鬼动八宫之象。震为棺，巽为椁，鬼动是宫，则应停棺寄椁之不安；坎为井，离为灶，鬼动是宫，则应井灶之不利，余可类推。

　　丑丧耕牛，午失良马，巳酉为蛇鸡之怪，人常齿目之灾；卯申为丧枢之凶，家主肝肺之病；子为鼧鼠舞庭堂，而家不祥；亥为神浆虣、口腹，而主亡德；雀飞戌上，有狂犬啮足之虞；武入未中，有烹羊亡赂之叹；寅戒山林，有惊狼虎；辰休动作，恐犯社坛。

　　此言十二支鬼动之象，申为凶丧，卯为灵枢，鬼动是爻，则丧枢之碍；雀乃是非，武乃失脱，临鬼动于戌未之爻，则犬羊缘祸也。

又有鬼动于二老六子，而定其灾也。

乾为父，坤为母，震为长男，巽为长女，坎为中男，离为中女，艮为少男，兑为少女，如鬼动、鬼化及变爻鬼现，在坤为老母之灾，在震为长男之疾，变爻如革之咸，丙辰鬼入少男，当病幼子也。

又有乾首、坤腹、震足、巽股而定其病所也，有乾马、坤牛而定其亡畜也。

近取诸身，远取诸物，鬼动是宫，乃为是厄，坎耳离目、艮手兑口，身之象也；震龙巽鸡，豕坎离雉，艮狗兑羊，物之象也，若能引申，亦犹如是。

又有离南坎北，而定其凶方也。

鬼动乾宫，莫行西北，官兴巽卦，毋往东南，兑鬼凶西，震鬼祸东，坤西南，艮东北之谓，鬼摇是宫，则为是方之咎。

又有上老下幼、五父二妻、四母三弟，而六爻分其不利也。

如上爻鬼，老者不安；初爻鬼，少者不宁；五为父，四为母，动鬼多灾；二为妻妾之未康，三为手足之致疾尔。

又有世五为宅长，应二为宅母，而宣其灾祥也。此五行、六神、八宫、十二支及六爻之义也。

世为夫，应为妇，五为宅长，二为宅母，鬼若临而动之，及空破散绝，则知其灾；福若居而摇之，及日月旺相，则知其庆。

随官入墓、助鬼伤身，谓其主难；伏吟、反吟、墓绝，谓其所属人之难。何命临鬼，何命随墓，何爻空破，何象动散，何命化对，何用伤害，则其为之灾。

凡随墓助伤，皆世爻之病，故曰主人有难；反伏墓绝，巽化反吟，长女之灾，乾化伏吟，老父之病，故曰所属之人有难。临鬼，如巳鬼蛇命者有难；命墓，如寅卯鬼墓未，则虎兔命者有殃；空破，如五爻空为父病，二爻破为妻厄；动散，如子爻动鼠命不祥，六爻散仆丁不利；化对，如未爻化鬼，羊命者厄，寅鬼冲申，猴命者疾；伤害，如子孙受伤，则卑幼迭遭，父母被害，则尊长忧厄，或断其何人之咎，而使知趋避。

子孙化鬼而卑幼病，妻财化鬼而妻妾灾，父母化鬼为长上之忧，弟兄化鬼为手足之忌，自筮而世爻化鬼、代占而应爻化鬼，皆所戒也。岂惟鬼动，化鬼亦戒焉；岂惟鬼化，而鬼入之宫亦戒焉。所以艮鬼由离，而少男抱恙，乾鬼入巽，而长女生殃。岂惟鬼入之宫如此，而鬼临之爻亦戒焉，所以龙乐虎丧、雀非武失、勾田螣怪，及世爻位，虽不鬼动，若鬼临之，遇生旺时，则其祸亦见，但不及动与持世之力尔。夫六神之为将，虽不鬼临，若发动持世，遇生旺之时，亦兆吉凶。月建六神力参之。

大小六神，吉凶类应，不惟值鬼，若发动，若持世，后遇生旺之时，乃见其事端。而大六神与相殊者，谓事端应于值月合月之时，兆祸福大而缓，不可执一而失权。如大元武在戌动，当应卯丑之盗。

岂惟六神，亦稽星煞，天火天烛主火，天贼地贼主盗，官符天狱主讼狱，丧门主丧，天喜主喜，贵人主贵，文昌主文，天廚主禄，咸池主酒色，血刃主血疾，折煞主跌蹼，驿马主行，怪爻主怪之等。故吉事之星宜其动，宜其持世，宜其附用爻；凶事之星忌其动，忌其持世，忌其临鬼爻，事见当月，而吉凶可推也。

当月，如酉动天贼，是卯酉之期，法曰：怪爻季是两头居，仲月还须二五知，四孟谓当从人起，动为有也静无之。左传怪由人兴，故孟月始人爻，并发则应。

卦无父母，不免堂上之忧，卦无子孙，不免膝下之感，卦无妻财，不免臣妾之患，卦无弟兄，不免手足之寒，卦无官鬼，则不免谋事无成，而临财多耗也。而六亲空破散，世应空破散同推尔。

用神无位，犹用神有病也，故与空破散同，即空破散皆谓有病，所以世应有病，则宅父宅母之患。大抵筮家宅者，用为诸人，因其有病而言疾，鬼为诸祸，因其有动而言殃。

有或为功名而筮家宅，当戒世空以索官爻，盖家宅恶鬼，功名喜官，又参之人事也。故为兴作而筮家宅，则以修方占之，为兵寇而筮家宅，则以避兵占之，为妖怪而筮家宅，则以巫祟占之，为盗逃而筮家宅，则以逃亡占之，为迁徒而筮家宅，则以卜居占之，为疾病而筮家宅，则以用神占之，为子而筮，则以子言，为贫而筮，则以财言，为出入而筮，则以出入言，为育植而筮，则以财福言，为不孝而筮，则以孝悌言，事类固纷，头绪非一，随其所事而参之。

有言家宅，将以阴阳二居，并筮于其中，则以内为宅，外为人，初为基，上为墓，其卦爻戒反伏墓绝空破，及鬼动摇于宫象，然基墓之占，终当专筮也。

鬼爻动内，宅室之灾，鬼爻动外，人丁之咎，发初基不安，发六墓不宁也。

家之所概，井灶、门户、道路、屋宇、厅堂、仓库、厢廊、墙厕之属，空可实之，破可补之，动可改之，冲可合之，此趋避之小也。

父母屋宇，官鬼厅堂，弟兄墙厕，妻财仓库，子孙廊厢，盖空可以实其处，破可以补其所，动可以改其方，冲可以连其间，凡人事可挽回者，皆吉凶之小。若夫吉凶之大，丁口、消长、利名、官灾、火盗、忧喜、育植，与求等事，皆以子为福，鬼为祸，则顺天命之祥休也。

家之所概，内外旺相，而生者兴，内外休囚，而克者败，反伏空破墓绝者灭门，世应日月旺相生合而带吉神者昌，子孙旺而后裔贤，妻财旺而生业起，官鬼空而香火微，父动勤劳，兄动累比，贞悔合冲及游魂归魂，而往返之念多，世身动空，而行止之志惑。

人克宅吉，宅克人凶。空，如甲申旬空离是也；破，如夏至月破坎是也。贞悔六冲，合处逢冲，及游魂归魂五者，心憧憧也。世身空动，怀进退不果也。盖空主退，动主进尔。

木逢鬼虎发，而有寄丧；逢金克世，而有飞讼；雀武交加，而有讼盗踵至；发于兑巽，而妇女生言；勾陈财陷恐退田；腾蛇兄动恐博戏；元武咸池摇阴宫与官鬼持世者，溺妓亡家；青龙天喜父母文昌，与贵人动生世者，崇文华国；福德持世动乾加华盖者，积善之室；父母旺相带青龙持世者，堂构之隆也。

木为棺椁，鬼为亡，虎为丧，三者相并而动，故云有柩停家，若鬼虎雀并金而动克世者，亦云凶横词讼相干也。

财，家之业也，木司织，火司冶，水司渔，土司耕，金司釜也。

子孙跨世子孝，克世子逆；妻财驾世妻能，克世妻悍；父母克冲，孝而不豫；弟兄生合，友而且恭；六爻伐世，则臣尊而主卑；一四前后来侵，里邻不睦；同白虎来攻，常加暴事，应与兄来击我，或朋俦之累；应与财来欺我，或戚党之嫌；内鬼外鬼并起，有开门揖盗之人；暗鬼伏鬼齐彰，有同舟敌国之事；惟卦宁世实，或生世爻发，而有人援天祐也。

四爻为左邻前邻，一爻为右邻后邻，又有世前爻为前左邻，世后爻为后右邻，若来克世，主不悦于己，如同虎鬼克世，主横逆加身。暗鬼，谓暗动克世；伏鬼，谓鬼伏露克世；世实，谓世逢日月旺相。

世投他外，我附于人，应归亲内，人趋于我。两官一家二宰，两父一宅二居，两财有异业，两弟有良朋，两福有成才养子也。虎吼应象而妻党丧，龙跃傍爻而庶房喜，世财应官为赘妻，世子应鬼为赘婿，应财外现为远娶，应子内财为他继。

鸡犬猪羊牛马，锄犁釜甑舟车，畜宜有气，物宜无坏。鹅鸭附于鸡，猿猫附于犬，鱼猪鹿羊，骆牛骡马也。动而生则增，破而克则减，空则无，遇旺则胎也。巳子利育蚕之室，午财利贩马之家，父母旺而舟车固，木财旺而犁锄新，金爻克而釜甑破，火爻二而灶非一，水爻塞而渎未疏，金爻发而闻钟鼓之声，木袭兴而有台榭之起，土化土而有酱醯之工，父化父而有经文之典。

且夫合于财为柜，合于世应为门，合于间为牖，冲于父为梯，父化父为楼，居六为园，居三为圹，鬼墓为灵，初爻财墓为藏金，鬼墓为伏尸，水克火而灶基湿，金克木而神座裂，土克水而地窖泥，木克土而墙堵缺也。

财为物，合包财之爻者为柜，如节申爻乃柜也。世应为主宰若闩，闩锁合之爻乃为门闩，如大有酉爻乃闩也。间爻之合乃牖，如泰子寅爻为牖也。若日辰冲合本象即是，不必求他，如巳日乾卦，午间申爻为牖之类。凡父爻之冲为梯，如坎寅爻是也。父母所居，六为郊野，乃象园，三为壶，乃象圹，化父乃象楼也。鬼墓，如姤戌爻为灵也。财墓，初爻否之未象是也。鬼墓，升之丑象是也。若未日贲之鬼墓，戌日节之财墓皆然。

大抵家宅之要，务丁口之宁休，官灾火盗之情形，气象消长，利名得失，忧喜育植与求，及男女长幼。日有时行之事，则子福宜近，鬼祸宜远，此卜筮之大法也，斯为得其旨矣。

婚姻章第五十一[①]

克我为官，像夫为男子，我克为财，像妇为女人，官男财女，定理也。

男占女婚，妻财为要，女占男姻，官鬼为先，虽父母弟兄朋友为之卜，亦以财妇而官夫也。所以官爻旺相，女家之吉占，财象兴隆，男子之良配；官空绝，而妇择夫者多寡，财破散，而夫择妇者终鳏。

贞卦逢冲，初已难成；悔冲合冲，后终分拆。三冲之象，离散悖逆，虽财官备而非吉占。随官入墓，谓之不寿；助鬼伤身，谓之不贤。

如男家占女，女命随墓，女家占男，男命随墓是也，其他不论。

若咸恒节泰为吉，惟合冲变冲而不宜，暌革解离为凶，虽用

---

① 内详赘婿、配仆、倩媒、纳妾、冲喜、去留、就姻、择地、成否、聘仪、妨害、年地、杂婚十三问。

备化合而不吉。

如咸恒节泰，若不遇合冲变冲，虽财官衰陷，随鬼助伤，皆不为凶，所谓用神未胜于卦验也。

以应定其门闾，以间分其媒妁。

男占则以应为女家，女占则以应为男家，坐青龙积善之室，居贵人游宦之家；旺相富豪，休囚贫乏，空散有疑惑而无主张，破绝少殷勤而多冷落。阴爻发动，画断自于女人，阳象交重，孚信从于男子。生世者亲亲相悦，克世者彼彼相索也。近世间爻，为我信之媒，近应间爻，为彼信之妁，空散则不得力，破绝则不为情，生助克欺，彼我皆然也。独发动有变更难易之作尔。

以八卦而推容貌。

男占女，以财所居之卦宫，如财在乾，仪容端正，质性聪明，有丈夫之风，谓配天德也；财在坤，体貌稳重，气度含洪，有母后之贤，谓符地德也；震雷之性，动而有威，巽风之体，变而好胜；坎多志巧，离多激烈；艮为端笃，工于针镂，兑为悦柔，善于言语。女占男，以官所居之卦宫，若官居乾，其人从容敬慎，性直而貌壮；用神在坤，其人和悦卑谦，言实而行朴；震好激扬，常抱英雄之志，巽好贪慕，屡专货利之求；坎之智识藏乎内，官疾者短于忠信，离之聪明现乎外，官实者长于文章；艮有技才，其行戒于转石，兑有异巧，其言流于悬河。盖六子之性有短长，二老之德无偏倚，更以用爻衰旺参之，旺从其长，衰见其短也。

以六神而察才情。

补遗曰：财值青龙，形骸秀丽，蛇临妻位，情性虚浮，白虎乃悖逆之星，元武是风流之宿，朱雀巧辞饶舌，勾陈持重寡言，此言男占女也。官位青龙，情性文巧，蛇临鬼象，言行虚讹，白虎乃武勇之夫，元武为奸雄之性，勾陈敦纯多技，朱雀辞辨能书，此言女占男也。然亦必考用神为先，而后系焉。如官旺临元武，则为杰士，官绝临元武，则为奸人，余仿此。

以五行而观德行，诸宿而验行藏，则用象无遗矣。

金偏刚杀，木遂慈祥，水务智勇，火好文章，土持诚信。用神实者，备是五常，用神损者，反是五德也，诸宿亦然。用神登马，旺相勤趋，休囚游荡也；用神随羊，日月英雄，空破暴横也；破军为疾，文昌为美，廉贞为戾，贪狼为巧，武曲为丑，巨门禄存庸，左辅右弼为纯，咸池为淫，天触为癫，天喜为贤，陀罗为悍，盖皆以用神虚实为言也。大抵嫁娶吉凶，主于财官，男女妍娇，主于卦象神宿，其用如此。

然父母不可沦也，子孙不可溺也，妻财不可摇也，官鬼不可没也，世应不可空也，比福不可动也，夫妇不可二也，阴阳不可悖也。

父母为主婚人，男占女无父母，则叔伯主婚，女占男无父母，则礼文澹薄；子孙陷则艰嗣，官鬼空则难成，妻财动公姑参差，男女皆同也。世空我有退心，应空彼无从志，破散动冲亦主变。男占女逢二官，或疑复许；女占男遇二财，或恐再求。财化财，官化官，俱为夫妇有二。男占女，宜世阳应阳，世升应降；女占男，宜世阴应阳，世降应升，反之则为阴阳相背。以上诸义，虽非婚姻吉凶之主，然见此象，亦应人事。

夫赘婿，同于断嗣，则用于子孙，空散非衰老之托，破绝非成立之人，旺实为贤，动冲不定也。配仆，同于取奴，则用于妻财，是以拱合生扶，忠诚效力，散空破绝，偷惰难亲，命墓三冲，皆不我助也。倩媒，同于托人，则用于应，而冲不能合，克世则有所私也。

以应爻为所托，故空则不力，破则不专，旺相为我则重，休囚助己则轻，冲世为误事，克世为存欲，合处逢冲，成而复解。此数者，央媒之戒也。

若纳妾，视其所重，重贤用财，重嗣用子。冲喜则兼详六亲，为长用父，为幼用子。或不谐而问去留，生合可留，克世宜去，命随鬼墓者天，贞冲合冲者散。

人心去而不留，势同覆水，留则变生，筮者宜正告也。

就婚是家，卦冲应坏，不可相依，克世游魂，岂为久处。择是地结姻，则同婚姻占，若问安宁，则忌鬼发。婚姻从违犹谋望，不可失财官。礼仪厚薄犹馈资，不可忽财应。

若男占女，无财不成，女占男，无官不就。贞合冲，世应空，谋事所忌也。应旺财旺，其礼则丰，应敝财敝，其仪则菲。

娶疑妨害，用神旺相，则我人之福；财神空破，则此妇之刑。

占用有二，如娶妇为父母病，疑妇妨害，得父母旺，则父母之福，非其妨也；娶媳为夫妻病，疑媳妨害，得妻财旺，则媳妇之良，非其刑也。

何地，男官女财，卦宫为远近。何年，生合年月为迟速。来求乎，应病则不来。来辞乎，应实则不辞。

用神在内则近，在外则远，坎北离南，震东兑西，亲宫本处，他卦别乡之类，用神长生帝旺，空填破实之期。若吉凶之大，仍看财官。

娶离妇，谋强婚，妇妓女，虽曰同占，而以害患为忧。欲再适、遂私约，虽曰同占，而以阻拦为戒，俱忌鬼应克世，以及随、助、动官也。

此同避患，以官鬼为忌。

是故婚姻为人道之始，正家之本，筮者以敬，告者以诚，一言而关吉凶离合，吾尝慎之。

胎产章第五十二①

胎产人道之大，子孙继世之本，故以子孙为用。筮胎虚实，专重子孙，唯卜母孕，则凭弟兄，其他长幼尊卑，代身而祝者，皆以子孙为用也。未胎而占孕，重青龙天喜之动；间月而占，则独求子孙，旺相生扶则成胎，空破散绝则非孕。

未间月而筮，如青龙天喜动，虽子孙伏，亦断有孕；已间月而筮，若

---

① 内详虚实、胎安、母安、防堕、产期、男女、稳婆、乳母、寄乳、产地、易育、求嗣诸问。

子孙空，虽青龙天喜动，亦断无孕，盖子孙但以有为喜，神宿必以动为喜。总言未间专重龙喜，已间独重子孙。

或筮胎安，亦重子孙，不空不破则成人，若绝若冲难足月。筮产母身安，鬼动则灾生，用伤则病作，随官入墓，须防抱病猝亡，助鬼伤身，惟恐带胎同丧。如出游求身安，用旺鬼静则喜，求胎安，则忌卦冲胎空虎动也。

胎安重子爻，母安忌鬼发，及用旺为吉。如占母孕，则父母为用，他人代求，则妻财为用，皆忌本命随官入墓。产母自问，并忌助鬼伤身。出游，有为身为胎两义。

如问堕胎，合冲、前冲、后冲、胎空、胎破、虎动必犯其厄，然亦察之子象，子孙坚固，虽遇此而不伤，子孙破克，虽不遇此而难保。

卦冲则不缔结，胎坏则不坚固，虎动乃为血神，三者有一，当应堕漏，若子孙日月旺相，虽见其兆，终不丧胎，如申建辛亥日，占孕得兑之困，败血三日后复完胎。故子孙为要。

故占产期迟速，卦冲、胎破、虎摇，日当产矣。胎值旬空之时，世值胎养之日，子遇长生之辰，如子无而遇有，空而遇补，破而遇实，墓而遇冲，较量轻重，以定其期，定时亦然，此概占也。如限期而卜产，则但以卦冲胎冲虎摇者，定其当产。

或以月分，或以旬分，但卦冲胎疾虎动，则是月是旬当产。复以日时定之，倘概筮何时，则以卦冲胎疾虎动为近，否则为远；而以世爻胎养、空补、破实、绝生、墓冲、无有之日时定之，及胎值旬空者，否则为远之考也。如申建丁未日，占产得艮，三日巳酉戌时则育，此世胎养之应也。人占夫占，皆从此论。唯产母自占，则以子孙为重，如午建甲寅日，自筮身孕得大过，后庚午日产，应子孙值日，此以子孙为法也。墓而遇冲，火子戌日，逢辰而诞是焉。或曰产妇以财分，婴儿以子分，日时以世分，概占如此，若独筮期，当专用子。

如定男女，先以卦之阴包阳者为男，阳包阴者为女，坎离自包同焉；其次以动爻阴变阳者为男，阳变阴者为女，子为幸主，爻分等次；其三非包非动而安静者，则以子孙属阳为男，属阴为女，阴阳并现，轻重相持，飞伏皆空，单拆定义。盖有出外而家内已生者独举子孙属阴阳而定之，不以卦包动变言也。占母以弟兄而言，代身亦举子孙而决之。

欲定男女，其法有三：一曰卦包，二曰动变，三曰子属，如坎大过小过咸恒，谓之阴包阳，离颐中孚益损，谓之阳包阴，谦豫履小畜升萃无妄大畜则非。卦包之后，则考动爻，变阳为男，变阴为女，若二爻动则主上爻，三爻动则主中爻，四五爻皆动，则主阴阳属多之爻，六爻动及阴阳等动，则主内卦变爻，或中有子动者，竟取子孙变，以定男女也。动变之后，卦静则考子孙，阳男阴女定之；如或两现，舍其疾而用其不疾；如或飞无而伏复空，则以伏神子孙单拆而分男女，不可因空破而他求也。如戌建戊辰日，占男女得归妹，亥子属阳值空，后应生男不育。常有两现子孙，皆属旺相，及大有乾剥同人，乃应双胎。海底眼：两爻旺相喜神扶，必是双胎天赐与。夫阴阳相包，男女成胎之时也，动变者，磨荡化育之功也，故先泥子孙者非是。出外而家内已生，专务子孙属阴阳，盖物既生成，当考形体，岂以卦包动变而言之哉。

稳婆好恶，察应与财，空破无能，旺生得力，然切戒应爻克子，恐妨我之儿，应爻克财，恐害我之妻，不独占而带观之。夫占近应之间爻，自占近世之间爻，及或五爻，亦不可克妻克子，而空破也。

财为妇人，应为所用之人，盖收生以护子妻，应爻不宜值父兄也；产内兼问，若间五破空，冲克财子，则曰化婆有犯。

乳母好恶，察财与应，空破多病，生旺无殃，最忌合冲卦冲，不能终始其哺，应爻克冲子位，不免妨犯其儿，卦无亥子，后乳将少，而儿缺食也，坤艮宫之无亥子者，尤甚焉。然应克世而有难意，应值鬼而有机谋，应咸池而好酒色，应元武而喜窃偷，然所占若吉，未为大害。寄乳于人，当以子身为重，喜其生扶旺相，不宜空破绝冲，命随鬼墓，子丧他家，卦遇鬼摇，儿病外室，不可寄乳也。寄乳而问乳母之吉凶，如择乳母之法。

问乳母则论财应，问寄乳则重子孙，来乳去乳，好恶同义。

产地安危，最嫌鬼动，财福两象，不宜一伤。

卜地而产，惟用旺鬼宁为善，命随鬼墓大忌之。

若生后而问易育，喜子孙旺相，防疾忌官鬼交重，及命随鬼墓也。

用旺稚子有根，鬼静则婴儿无疾。

若乏嗣而求子，独索子孙，旺相生扶，得之速也，伏藏安静，得之迟也，空破散绝，未之有焉；然不可世空，乃吾身之不能育，问妻应空，问妾财空，是妻妾之身不育也。何年可得子，子孙胎养生时兆萌矣。何妇可生，弟兄所属命姓，子现于外者，利于外生，子伏于内者，利于内育，子现元武咸池，及非世应之位，应于侍婢外遇。盖子嗣有无，虽有定命，惟盛德能立命焉，占者勉之。

楚中商人王氏者，四十乏嗣，癸未卯建辛未日，卜嗣得否，言其无子，以阴功劝之，后果轻财好施；及乙酉鼎革，有感力行善事，丁亥仲春甲申日来杭复卜后嗣得萃，子遇长生，许得二子，彼曰：前言无后言有何也？予曰：公必树德矣，彼颔之而去；及子寅年连生二男，岂非盛德格天之报，如影随形乎？学易者，当勉人为善，求嗣者，当法之以造命也。

抚养章第五十三①

抚养有二：我有子而欲继养于人，最忌三冲，为有初鲜终之象，非长幼之寡恩，是上下之逆德；命随鬼墓，往必病焉；子孙爻坏，去必丧焉。此三者，不可继也。

继是家者，子孙旺为康宁，卦爻合为孝慈。

我无子而欲抚人之子，则以子孙为用，福神之旺，能慎终于华首，子爻生我，善养老于衰颜，三冲则无始终，空散则无成立，命墓则有夭折，此三者不可抚也。僧道受徒，朋友立孤，亦同此义。

尚有衰老无倚，弱幼无归，雌单无养，壮贫无赖，我欲收养者，皆以应克世爻为戒。妇女用财，长上用父，卑幼用子，远宗近表，亦用于应，皆莫克世，及用遭空破散，是其自濡于溺，而我济无功也。三冲者，先膠漆而后冰炭，助伤者，朝琴瑟而暮干戈，所以戒也。应动多南北之心，应退多去来之志，归魂常思旧所，游魂每念新乡。

应克世，则恩多成怨，用被坏，则劳而无功。

夫应克世，而驾鬼动者为甚。武鬼动而揸盗，雀鬼动而戒非，螣蛇生连蔓之忧，白虎兆亡命之祸，天烛以火失事，咸池以淫乱心。因害而避，因利而趋，在生克之间也。

应爻带鬼克世，其凶尤甚，复视其与何神何宿来克来生，如官文龙贵生世，益我以荣，财福生世，益我以利，克世反视，纵青龙亦以奸昧为。

又有我孤贫而筮投养于人者，用神克世，而莫我顾也，三冲无久惜之情，四病有兴尽之憎，则不可归也。

---

① 内详继养、抚养、收养、投养、入继诸问。

凡言四病，即空破散绝，占投养者，当戒是三也。

又有彼乏嗣，而入继于人者，有义继利继之分。继义世旺我往而昌，世坏我入而困也；继利则财坏无得，应空无望也。三冲不睦，游魂不一，鬼动而讼。继成若谋事，继争如夺缺，是以卦冲合冲，世空应空，鬼失财失，不能成也，应爻克世，不胜夺也。

痘疹章第五十四①

夫痘疹亦天灾也，是名天花，亦名圣疮，动关童命，敢忽神筮？

未花而问，以鬼为信，盖鬼空根芽未萌，鬼静气机未动，鬼散虽流行而不及也。破静而甲不折，破动而病或殊，鬼绝则未生花也。

以鬼为病，问痘即痘也。月破非应有痘，鬼动是当有病，乃或癍麻疮毒，未为正痘，故曰病殊。

鬼动将见，鬼冲将开，鬼旺将起，当月当日，则是月是日而出也。

官鬼值日月当见，如丑建乙卯日，占有花得履之同人，当日见标，复一人亦占履之睽，及次年二月始痘，盖卯鬼发动故应速，卯鬼安静故应迟。

当岁而索鬼象之得失，有二而考一爻之虚实。

官鬼若值太岁，或遇空破休囚，则言未出，后虽日月会同，亦未可言有，如己亥年辰建辛未日，占有痘得同人，亥鬼旬空，终岁康宁，则不可以太岁为鬼而当年应痘也。如卦有两鬼，一空一动，则以其动，一强一弱，则以其强，皆应当出，乃谓考一爻虚实尔。

① 内详见痘、趋避、疏密、出期、何人、大象六问。

世由己招，应由人召，内为本乡之行灾，外为他处之流祸。往避而得痘，游魂鬼摇，来归而不得痘，归魂鬼静。伏鬼有气者亦见也。

官鬼动，而天花开矣，在世则为特发，在应则为缠染，在六爻童仆起根，在三爻弟兄继种，内为本境，外为他乡，游魂为往，归魂为来。盖鬼空于内，本境无事，鬼空于外，他乡可避；鬼动归魂，回家有痘，鬼空游魂，往外得免也。大抵鬼爻旺相，虽伏亦萌，鬼爻休囚，虽现亦息。

占花疏密，询鬼旺衰，以八卦而分手足，以六爻而定身形，以五行而著颜色，乾首坤腹，五晦二腓，金白火赤可类也。

盖鬼为痘，若临日月旺相生扶，花必绸密，如值空破休囚死绝，痘必疏朗。凡鬼动何宫，则定花丛何处，如不动，审旺何爻，如发艮宫手臂密，如动兑宫口颊多，坎离上身，震巽下身；旺在初爻，先有于足，旺在六爻，始发于面，五爻胸背，二爻腿膝，三四腰股心腹。火鬼发其色红紫，金鬼动其色虚白，水鬼发其色黑陷，木为杂细，土为肿大。然必论用神生死，而后定之吉凶，故水鬼动而主象旺者，痘见黑钉，后复收功。然痘症多变，设遇用象破空，或值何鬼发动，则变此症而丧，如未建甲辰日，占子痘得屯之革，于戊申日乃变脾病而不治，余仿此。

如问痘见何人，鬼当本命，鬼化卦宫者应之。考六亲之化鬼，及鬼化之六亲，则痘是人也，然亦必鬼旺动而发焉。

一家之内，以官鬼值何人本命，则曰是人有痘。又鬼动艮宫，则曰少男，鬼化离象，则曰中女，财爻化鬼，则曰奴仆，鬼象化子，则曰孩提，大抵务于鬼爻旺动而言也。

如问孩童何时见痘，当官鬼之年月日，及生旺官鬼之年月日则痘也。上下鬼而填其虚，变伏鬼而实其质。

远近分卜，问何岁则以年计，问何时则以月计，先以填实，次以生旺年月断之。若卦有两鬼，或一空一实，反以填补空鬼为期；卦无一官，或伏爻变爻有者，当以变伏之鬼所值为期也。

既痘而筮大象之吉凶，七日之内，三冲是戒，谓花未开而先谢也。卦属反伏墓绝，与命随鬼墓，虽用旺难治，四忌之外，再考用神。

盖鬼旺而用旺花丛而根固，乃吉，鬼坏而用坏，花悴而根枯，乃凶。生旺用神之日，为有成时，当冲鬼象之辰，为有变期也。大抵感不感务乎鬼，害不害务乎用，鬼化鬼者痘后痕，交加动者，瘄痘相参也。

此专务用爻而言吉凶，不复论鬼衰旺。若用爻有生扶救助，鬼旺无非花密，鬼爻填实动，无非防变，鬼化鬼及用化鬼，无非痘后余毒，交加鬼发，或别病相乘而已，未至大害也。

疾病章第五十五[①]

夫死生有命，不可祷也，疾病在人，不可忽也，慎于未病，君子之道也。既疾，可不筮其吉凶而调剂之？命随鬼墓，不治之疾也。

如戌建甲辰日占子病，生年己亥，得同人，卦中子孙旺相，六爻安静，病应不死，然亥命随官入墓，法主大凶。后其疾不死，未半年溺水而亡。

卦属反伏墓绝，亦不治也，即能治亦成疾矣。病未久者，三冲而愈，病已久者，三冲而亡，此三者不论用神衰旺也。外此，则专重用神矣，如遇动散、月破、克空、日破、受伤无援、脱气者危，遇日月动变有一能救者，危而复安。

动散，如卯建丙寅日，占子病得渐之观是也；月破，如癸卯岁卯建壬子日，占予妻病得离，遂亡本月是也；克空，如酉建丁未日，占父病得未济是也；日破，如戌建辛酉日，占夫病得渐是也；受伤无援，如子建戊子日，占弟兄得鼎之旅，一占弟兄得离，皆为受伤无援；脱气，如戌建戊辰日，占已病得萃之讼，乃为脱气。以上七法系大凶，得日月动变有一能救

① 内详症候、防疫、真假、成疾、养病、避暑六问。

者，则反观之。

考之占验，四灭没不死，十卦不死，无鬼无财不死，身空命空不死，凶煞不死，则其所以死者，必用神死则死，用神生则生尔。

灭没，春需蒙，夏观蛊，秋剥节，冬旅临是也。十卦，明夷观贲大畜丰同人蛊夬需临是也。凶煞，三坵五墓丧车之类。如占父病，六月得观，何从而死？用居日月，卦无财鬼，何凶？盖用坏无鬼，虽祷不祐，用旺无鬼，不祈亦康，无财用绝，天禄已终，无财用旺，饮食少进尔。甲子旬空亥，则亥命不可问病，寅月破申，则申命不可占疾乎。故应不为戒，身空，有世爻卦身可凭，本命不现，有变卦伏爻可取。大抵专务用爻，以定生死安危，诚得易旨也。神煞尤轻。

常试土鬼独发，而祷于疾病者，九死一生，或曰用有气，则祷土以回生，用无援，则开墓以葬死，良可信也。

天元赋曰：土煞俱兴，定作黄泉之客；补遗云：更论土爻临鬼动，多凶少吉祸难禳。大抵东南土薄，有犯土忌，禳土得生者，十有六七，西北土厚，不畏土禁，所以祈而无功也。

游魂归魂，保于旅而不保于家，震巽坤艮，危于老而不危于少，女终男穷，非宜壮年之问也。

游往归来，病于客旅，道途不忌；震为棺，巽为椁，艮为塚，坤为墓，衰年大忌，有备更凶；未济归妹，壮岁非宜。然亦兼用神而参。

忌神摇矣，元神动焉，谓之二生也；元神动矣，仇神摇焉，谓之两病也；忌仇动矣，元神暗摇，生之道也；无忌动矣，用神明坏，死之途也。

如未建丙申日，占母病得同人之噬嗑，申乃忌神，本来克卯，亥乃元神，动泄忌神之气，而生卯木用爻，是为二生；卯建乙卯日，占妻病得同人之咸，子动生财，本谓元神助我，卯木仇神相克戌爻，更多一病也；如未建壬寅日，占夫病得同人之既济，凡子皆动，伤官应笃，寅申冲财，暗发生亥，后病得起；如卯建丙寅日，占子身得坤之损，卦有父兄发动，木来救子，然酉金明受日绝月破，所以不能救也。余仿此。

飞爻之用神绝，伏爻之用神生，非危也；内卦之用神亡，外卦之用神存，非危也；卦爻之用神无，日月之用神有，非危也。

如寅建丙寅日，占弟兄得乾之需，申飞用爻，日破月破，而不知酉伏戌下，火生土而土生金，故曰非危也；如辰建辛卯日，占子身得未济，外未虽旬空，内辰当月建，后愈；如午建戊寅日，占妻身得既济，卦内虽无用爻，月午日寅，元用并现，当月病愈。

犹有日月动爻克用，是谓不救，而用爻得化生扶，非危也。日月动爻，与用神不生不克，而用神化克则危矣。故曰用神有一生则生，有一死则死。

此言用神化生化克为最要法，然变爻亦宜无病，乃真有救，如未建甲辰日，占子身得咸之蹇，日月克用大凶，而用化兄弟长生，是乃不死；戌建戊申日，占父身得艮之蛊，用爻独发当生，以化绝于亥遂不救。

卦无用神，云谓凶兆，然得元神动则不死，以其趋生也。忌神动而用神伏反吉，以其避克也，虽然，亦必得日月之救焉。

如酉建戊申日，占妻身得暌之损，卦无用爻，本非吉兆，喜得子孙发动，及冬病愈，是谓趋生也；如亥建甲申日，亦占妻身，得姤之升，忌神发动，本是凶兆，喜用神不现，伏于月建之下，后交子月壬辰日，病势渐解。盖申子辰会水局，忌神合为元神，是谓避克也。

如问危时，其法有三：当鬼之日月其休乎，占父母则非，一也；忌仇之神跃，用神之爻潜，见用神则休，二也；用神月破，危于是月，用神日破，危于是日，用神失气，危于是时，用神亡援，危于是期，三也。

凡病遇官鬼所值之日月当凶，惟占父母不论者，盖以官鬼为元神也。忌神仇神皆动，用神潜伏避克，遇用神值日月之时，出而受仇忌之伤，所以当凶。日破月破，越是月日而解，用神失气，谓用神受克绝之时，用神亡援，谓元神遭破散之际，皆所以当凶尔。如寅建庚子日，占子病得夬之革，酉金绝寅死子，其疾不疗，后壬寅日症变，甲寅日乃绝，谓值独发甲寅鬼也。巳建戊午日，占子病得小过之大壮，及癸亥日而亡，因亥月破更凶，是谓忌仇动用神潜伏，及亥日出现，则受伤矣，假或申月占此，过亥子日后，所伏用神得月长生，其病可瘥。子建甲寅日，占父身得乾之同人，忌动当凶，次日节变小寒，丑月土旺，至下岁孟春方绝，木旺土虚，用神失气尔。子建己未日，占自身得未济之暌，世遇月破，其病不治，寅动生午似可救，而不知次日庚申，冲散元神，是夕遂卒。大抵破坏元神之日，生助忌神之期皆凶。

　　如问安日，其法有六：用神困矣，得生而病康；用神空矣，得实而病愈；用神破散，逾日月而可保；墓开而疾退；鬼制而患消；用现而身起也。此六者，病安之辰也。

　　凡用休因，病退于生扶之日，用爻空陷，病退于填补之期，用爻破散，病退于逾是破散之时，用爻墓，病退于开墓，用爻潜，病退于现起，子孙值日，疾患渐安，惟占夫占官不论。大抵子孙值日，医药效而祷祈灵，官鬼司辰，灾患变而神思困也。

　　夫筮己疾，世乃用神，随墓助伤，墓绝反伏，虽旺，而遇一则凶；筮人疾，应乃用神，随墓反伏墓绝，虽生，而一不可遇也。

　　用神之法，王虽少而用父母，仆虽老而用妻财，宗虽五服而用尊卑，表虽三党而用宾应，仕虽密而用官，师虽疏而用父。

　　宗姓虽五服之远，称叔用父，称侄用子也；表姓虽以三党之近，占必以应为用，惟岳父母、舅父母，则用父爻也；凡占现任虽密，不用应而用官；凡占师傅虽疏，不用应而用父。

　　卜妇人者，姑姨姊妹之外，皆推同类，用妻财也；卜同辈者，宗弟兄之外，皆为异本，用应爻也。

　　凡妇人称类多，姑姨之亲，亦看父母，姊妹之从，同推弟兄，此外皆用财爻；称弟兄而非宗服者，是不同本，皆用应也。

　　臣占其君，用九五，宗人之臣，代君而用也；君占其臣，用应爻，为吾辅也。于阉寺则用财矣，将占其卒用子孙，以制鬼也，于师弟谊用子矣。用神之法，卜筮屡误，告于圣贤，不可不审也。

凡臣占君，不分贵戚异姓黎庶，皆以九五为用；宗人之官，占其本主，则从朝廷长幼为用，如太子臣占太子，则以朝廷之储君用子，皇弟兄之臣占皇弟兄，以朝廷枝叶用弟兄，太后臣占太后，以朝廷占用父母也，余仿此。筮家用神，常有两惑，致吉凶不验，故详之，他用亦推此。

夫鬼者，病之源也，祟之状也，是以鬼旺而重，鬼衰而轻，鬼动患骤而变，鬼合灾染而缠，鬼散而疴将解，鬼空而病未真。

日破月破，以分其半成也，在内在外，以分其表里也，居变居伏，以分其新旧也。

问有，病半成，问无，病半解，内里外表，变新伏旧之义。

流于六爻，以分其一身也，摇于八宫，以分其四体也，属于五行，以分其五脏也，现于六神，以分其七情也。

卜筮元龟：鬼在初爻两足伤，二爻双腿患非常，三爻腰股常轻软，四爻心腹及胸堂，五爻脏腑司喉咽，六爻头上患为殃。黄金策：乾为头兮坤为腹，巽为腰兮震为足，兑为口兮艮为背，坎为耳兮离为目。海底眼：喉病金兮木四枝，风邪疼痛起黄形，辰戌胃胸生呕逆，丑为肚腹未为脾，火动热极三焦咳，血腥眼目及疮痍，水鬼发寒因冷得，泄泻虚劳耳肾衰。有为火鬼病于心、小肠命三焦，水鬼病于肾膀胱，金鬼病于肺大肠，木鬼病于肝胆，土鬼病于脾胃也。解云：虎自兵丧哀痛由，龙贪酒色爱风流，忧愁思虑居元武，夹带怀胎谓值勾，脑怒焦烦朱雀噪，惊惶恐怖伴蛇游。

来于世者病由己，来于应者病由人，来于间者中内之病也。鬼伏何神，缘何事而萌病，何神化鬼，因何事而兆疾。盖父母劬劳也，妻财饮食也，子孙淫乐也，兄弟气怒也，官鬼邪妖也。

初筮之防疾也，用坏病起，鬼发病作。时宏之行，专用于鬼，发动疫扰其室，惟修省以俟。何命犯鬼，是天祸也，何神化鬼，是人作也，鬼化何人，是流灾也。随墓助伤，大凶可畏。

病从何起，盖吉凶生乎动者也，鬼从爻动，乃察其鬼，盖鬼为祸也；鬼爻独发，乃考其宫，盖独发有专也。卦象安静，乃察其外，盖祟孽由外入也；卦如无鬼，乃考伏鬼之飞爻。

动爻为起病之方，如离卦卯动，病自东来；若鬼同爻动，则以鬼爻为起病之方，如离卦亥卯皆动，病由西北来也。若鬼独发，索其动于何宫，则是方招祸，如离亥独发，病自南始。若六爻俱静，当考外卦，如离象之静，从南地缠染。惟卦无官鬼，则以伏鬼上飞爻为方，如补遗言：家人西北蒙灾之由或卦有官，而动爻多者，先索忌爻之方，无忌则考外卦也。

是以乾兑鬼兴，而祸因寺庙，艮坤官发，而患系丘陵；坎离南北，震巽园林；木鬼砍伐之由，金鬼刀兵之恐，土鬼开辟之妨，水为江河，而火为城市也；武因酒色风寒，龙为讴吟歌舞，雀为斗争气怒，虎为哭泣哀丧，蛇自惊来，而勾自跌起也。

如未建癸卯日，占身病得乾之小畜，世旺日克，但难愈而不死；鬼发乾宫，其人入市谒亲不遇，路见僧友聚语，陡值马触而践其股乃病，盖乾为僧，勾陈为跌，午官为马，若执于寺院，则未然也。如寅建丁卯日，占己病得节之临，世遇长生，卯月病愈；武鬼动于坎宫，其人捕鱼致疾，若必曰坎为江河，则未然也。酉建己酉日，占父病得归妹之解，鬼爻独发，是父母元神，亥日即愈；而火鬼螣蛇，在馆闻火大惊致疾，若必曰火鬼城市，乾兑寺庙，则未然也。是日有占子病，亦得归妹之师，子爻伏，得日月生，虽危不死，及冬而愈；己午两鬼皆动，上鬼值青龙咸池，病由酒色而犯，若必曰震巽园林，则亦未然。毋执一，唯理之当，及人心之灵善推尔。

有问症发是真，盖鬼实则是，鬼虚则非也。有筮患其成疾，随墓助伤，已成疾矣；用神若坏，其疾奚能疗乎？卜养病于外者，随墓助伤，世折鬼动不可也。避暑于此者，亦由是也。

官鬼空破散绝谓之虚，旺相生扶谓之实，用神空破绝散则成疾，旺相生扶则不成疾。

故鬼动为致祸之由，福动为远灾之要，福神可趋，祸神可避。是以发坎则莫贪于酒食，发兑则莫迷于欲色，震忌登舟，巽忌入园，乾不可以好僧室，艮不可以悦山居，坤弗食牛，离因嗜炙也。

若子孙发动于是宫，则此处利福，与前反视。乾利僧堂坤利田，坎宜江海艮宜山，离乐文章兑嗜酒，震喜舟车巽囿园。

犹有占父病而鬼动于坤，其母随之而疾，占子病而鬼化于巽，其女继之而灾，则爻变之鬼亦然也。所以疾病之章，不离乎用爻鬼象。

何宫鬼动，及鬼变何宫，则言其人亦防灾病。如寅建辛酉日，占女身得巽之涣，子遇长生，其女不死；然鬼动化入坎宫，甲寅旬中坎空，中男相继而病，及甲申旬化午子空，中男反亡；卯建丙辰日，占次女痘，得革之咸，月建子孙，次女无事；然内化艮，丙辰官鬼居少男宫，其后少男亦痘。盖占疾病，生死凭于用爻，趋避变易救治之门，皆系鬼爻详察。

医药章第五十六①

闻之称贤曰：达则愿为良相，不达则愿为良医。君子以之行志，人子教其须知，吉凶从违，可不慎与？

凡占医药，以子孙为用，临日月为上，旺相次之，休囚为下，空破散绝为庸医也。

无子而药不良，强官而病不治；子强官弱，烈日销冰，子弱官强，铅刀攻玉，财动鬼静，父动兄静。子动亦无功也。伏鬼根不除，化鬼病传变，空鬼老医药。世鬼兴隆，则吾病曲折，应鬼旺相，则彼药跷蹊。

当审子官强弱，如鬼值日月，虽子遇生扶，亦未尽善，必较子可服鬼，方是吉占。鬼空避子，药不中病，故云老也。世鬼病难速愈，应鬼医诈难信。

夫应指医人，非占克效，是故应空不得遇，应破不得专，应散则识见反惑，应克世则好利多诈，世应冲则绝续不终也。

占药水子旺宜汤，土子旺宜丸，火灸、金针、木末、以为

---

① 内详占药、占医、治病、用药、往医、行道六问。

像。火鬼喜凉药，木鬼喜风药，土脾、金肺、水肾，以为像。占医也，考子孙之属，木东金西，乾僧坤妇，以为像。

子为药而鬼为病，卜用何药，卜是何病，则用此法，若卜是药吉凶，用子孙衰旺，无执子孙属土，宜用丸药。如卯建辛酉日，占医得离之贲，未土子爻，真空四败，焉能丸药有功？卜筮宜用何方何人，则用此法，若独占则用子孙，设问僧医，得乾而子空，岂可言吉？

医问疾可疗乎，以应为先务，盖应为病人，应坏随墓，其病不治；若占六亲，仍以用神为断。

医问是药奏功乎，亦以子孙为用，福强鬼弱而奏效也，子虚鬼实而无功。亦如占药。

医问往医利乎，则以世应而推，应克世者寡情，爻无财者薄赠，空有欺志，破无专心，散、冲无终。

医问道行，财官强而利名遂，故医药不精，不足以利物，求医不慎，不足以疗生，己弗误人，亦弗自误也。

鬼神章第五十七

古之祀祭，非其主不尸，鬼非其类不馨，故无越祭、无渎祀也。后世乃以有祟而禳福而祈者，而鬼神繁兴矣，虽然，吉有神相，凶有鬼凭，史传所载，非尽诬也。欲知鬼神情状，则亦以筮而得之。

夫天神地祇，则以官鬼而类其象，象而像之，其不外乎二仪、四象、五行、八卦，及六神、诸星以形之，有无以度之，上下以位之。

索其鬼神之性，鬼神之司，及鬼神所由成，而可推矣。

性，索其鬼神生前偏好之性；司，索其鬼神上帝命司何事；成，索其以何因缘而成鬼神也。

夫官鬼之爻属阳，则阳神也，属阴，则阴神也。

官鬼属阴，如王母、大悲、水母、太山、天妃、陈周、圣妃、蚕母、子母、催生、太君、娘娘之属，亦当因地、因人、因事而考之，此则举其略尔。盖有神同而名异，曰因地，如在北为子母娘娘，在南为太君娘娘；男女相别曰因神，为何事曰因事，如问蚕，得阴官乃蚕母也。

属金，则武神也。

官鬼属金，如天将、关帝、伍公、岳王、元坛、总官、七煞、金刚、伤司、丧煞之属，盖方隅有称元帅将军金甲之神，及威武斗勇成神者，皆可类推。

属水，则河海江神也。

官鬼属水，如普陀、真武、云台、北斗、海神、龙王、河神、大王、杨将、施相、天妃、晏公、祠山、周王、汪公、水母、水圣、井神、池神、水伤神之属，及由水成神可类。盖九河百川，方隅各有所司之神，黎庶尊称，各有相别，随占人之民俗土风，以五行八卦、六神诸星，象而像之，则射的矣。大抵水火之神，灵显者多，无能细陈，方隅各异，犹若漕河尊大王，东海尊天妃，南河尊周王，洞庭尊湘妃，鄱阳小姑，长江杨四将军，各有所分也。

属木，则文神也，及倚草附木之妖也。

官鬼属木，如东岳、家堂、山神、树神、五圣、园神、九良、茶筵、三茅、九天、鲁班、花神、三郎、道君、文昌、南木神之属，及方隅有凭依山木、树木、器皿成神者，皆可类推。

属火，则火神也，生育雷电之司也。

官鬼属火，如离神、电神、南斗、火雷、韦陀、元坛、华光、五福、五显、三煞、灶神、旗纛、炉神、炮神、香火、南堂、利市、生育神之属，及由火成神可类。

属土，则土神也，及山川社稷之司也。

官鬼属土，如地祇、太岁、城隍、社稷、土神、庙神、宅神、伽蓝、皮肠、当境、本家土地之属，及由地方功勋为神俱是。盖土部神灵、圣号、曹名非一，有飞游、作犯、斫伐、坟墓、坑厕、金神、吟神、伏尸、螣蛇、天曹土诸称，当以八宫、六神、诸星，配合辨别，若白虎土官，乃断金神七煞。大凡西北土厚，惟知有地祇，东南土薄，故多土曹之号也。所以因人、因地、因事、通变多端尔。

生前好勇之鬼，言其性故属金，或亡于干戈锋镝之下，及病丧于喉、肺、义、利，言其成鬼，故金类之。成鬼而能有善，上帝命其所司，若位于西方，权于秋令，主于兵事，则金象而考也。

此察鬼神所由来。金鬼，其鬼必生前好勇，以性言之，其鬼亡于刀兵；以成鬼神言之，其神所司何事，或水或火或土或金或木；以所司属言之，如关岳神勇义属金，七煞丧煞，体金司煞属金也。遁甲七煞乃庚，是谓体金。

生前谋利于水，或亡于江海风波汤卤之中，及病丧于腰、肾、茶、酒，凡司河泊舟楫，则水象而考也。

凡出身显圣，亦可推之，则变化无穷矣。大慈显道南海，三官生受龙神，仿此。

生前陶情花乡，立业桑麻，或亡于笞杖树木之下，丧于捆缚、疯癫，凡司栽植砍伐，则木象而考也。

凡两可不能一见，当审累重，如南木神应水官者，体木司水也。

生为炉煅之事，死于烈焰疮痍，血衄胎产，凡司鼎釜孕育，则火象而考也。

宜推而广之，五行六神诸星配之。

生前土技农耕，死于瘟疫脾胃土石之难，凡司动作，则土象而考也。

惟灵显东南。

法有以动为鬼，阳男阴女之分，午南子北之来，一动一鬼，三动三鬼，爻以鬼皆动，则以鬼属之方为方，鬼属之数为数也。

鬼静爻动考动爻，鬼动爻动考鬼爻，动与爻计，鬼与数计，如鬼动值土，断五鬼也。

鬼爻发动，考之宫也，卦爻俱静，求之外也，无鬼索伏，考之飞爻，伏鬼若空，务之修德也。

鬼爻独发，以八宫考鬼，爻与鬼皆静，以外卦考鬼，鬼爻隐伏，以鬼上飞爻考鬼，鬼伏复空，乃无鬼祟，惟修德而已。此专考鬼，非断神也。

夫一官鬼而专于五行，二官鬼而专于六神，动官鬼而专八卦，乱官鬼而专诸星，世官鬼而专六爻也。

卦有一官，以五行像之。卦有二官，以六神像之，如下临白虎，则曰武神，上临青龙，则曰树神也。卦有动鬼，以八宫像之，如鬼动乾，则曰天神，如鬼动坤，则曰地祇也。卦爻乱动，或中有官动，以何星临官像之。此专断神也。

神鬼有殊，考求无二，是故官动乎乾，谓干天神，谓冲寺庙，父老僧人之鬼，王侯都厦之灵也。动乎坤，谓渎地祇，谓妨坟墓，母妪之鬼，后妃之神也。震东方也，九天之神，道之宗，蚕桑舟车之司也，辱身折足之鬼，雷火部之威灵也。巽东南也，其司风波镇海之神也，花果园林之祟，长妇女之魄也。坎北方也，在天为北斗，在地为北极，百川四海恒河之灵，其广大也；盖天下水火之神，确乎其不可易也。离火德也，于星荧惑，于士庶曰香火，于家曰灶，于骨肉曰中女之鬼也。艮为山神，为五岳，为荒塚，及童儿之鬼也。兑为西方，释之宗也，咒咀之尊，尸祝之诞，师尼之鬼，酒色之邪也。

言官鬼独发，卦爻皆静，以八宫象断如此。

初爻井祟，井中之鬼，司居之神也；二爻灶祟，灶下之亡，司境邑之神也；三爻家堂之祟，闺壶之鬼，司都郡桥埠之神也；四爻门户之祟，关隘之神；五爻道路之祟，王侯之神；六爻坟墓之祟，慈悲之尊，奴仆之亡也。世于初者，家神也，世于二者，土神也，世于三，为园神，世于四，为五神，世于上，为山神也。

言卦得一鬼，现在何爻，及世鬼居何象，以六爻象断如此。

青龙之为象也，司喜庆财利之神，东方圣贤，文班之师相，为桃李之妖，胎产之鬼也。朱雀亦离神也，司词讼、纠善恶，掌交易，主生育，狩端门，权中鼎，或言语之干天曹，或图圄之妄冤鬼也。勾陈一土神也，司禾黍，主社稷，为工巧之亡，折跌之鬼也。腾蛇属火，黄帝之左右也，为妖邪怪异之扰，飞游砍伐之神，绳结惊狂之鬼也。白虎为金甲之神，为丧服之祟，兵凶虎横，称呼元帅者像焉。北方元武，强梁之神，盗贼之鬼，河井之亡，妓女之魄也。

卦得二鬼，上临何神，下临何神，以六神像断如此。

父母为祖先，妻财为臣妾，兄弟为手足之缠，子孙为儿女之孽，世是本宗，应是异姓。

六亲有动，则以六亲像断如此。惟化鬼及独发者尤甚。世，本家鬼也，应，他姓亡也。

犯亥子，则天将斗神可祷也；犯巳午，则火德财神可禳也；树神东岳，乃寅卯之官，佛氏丧车，乃申酉之象；辰戌为处处之土神，丑未为家家之地鬼。

十二支神值鬼，则以十二支像断如此。

犹有官鬼现于贵人者，冠冕之神也；天喜者，利市吉庆之神也；丧门，丧服神也；天火、火德，天触、灶司、天贼，强梁劫夺之亡；天狱，笞杖徒流之鬼；官符主讼，羊刃司兵，驿马为商旅之冤，天河为觉溺之屈；华盖，僧道也，咸池，娼妓也，暗金，产妇也，血魁，血鬼也；太岁，土德；刀针，斩绞伤也，坵墓，坟茔之咎，丧车，棺椁之殃，折煞，折跌之鬼；飞廉，游神，将星，武神，天医，医神，天马，马踏；浴盆，婴童之溺，摧尸，伏尸之祸，孤神，绝嗣之鬼；太阴月德，受福于王母，太阳天德，赖祐于上帝也。

鬼值何宿，则以诸星像断如此。天河水库，乃天之浩府，故正自辰逐月顺行，刀针金宿，正月当自乾起，故始亥顺行也。余详诸星章内。

　　夫四穹之内，无处而非鬼神，然有方隅风俗之所尊，地水火风之所司，或显一乡，或征一国，难以繁陈。语谓千古而上，未有之神何所知，千古而下，再成之神何所拟。察鬼神者，但以五行八宫，变化而像之，以为后学之范，虽今古可通也。必实指鬼神而泥之，则诬矣。

　　大抵神多为祐，鬼多为祟，盖灾病之来，多因自孽，若不洗心悔过，以除孽本，徒聚巫陈牲以媚鬼神，鬼神未必享也。况刳杀生命，以祈我之命，是益重其孽也。故曰：祭祀莫善于解禳，解禳莫善于修身，此之谓也。吾于鬼神章，盖三致戒云。

校正全本易冒卷之七

学业章第五十八①

君子以习其学，百工以肄其业，学儒者，文爻实而声名振，世体空而德业迁。从九流者，官鬼备而人慕，妻财旺而利丰，从百工者，以财为用也。

学能庇身，故父母为文书，官鬼为声誉道望，妻财为利息，财官两备，其业必丰。

如百工未业而筮何从，得金财而利金玉之工，水财而利水泽之技，火财为机织裁剪陶镕，土财为农田泥土砂石，木财为花园樵采桑麻。

财发坎而利于烝酒，妻突离而宜于陶炉，震巽为舟车转运之谋，乾兑为玩好敲槌之事，艮喜樵夫，坤乐农父也。

以财值何属、财动何宫断之，玩好为宝贝金玉，敲槌为铜铁工也。

天医为医，驿马为商，贵人为役，天罡为渔，朱雀为优，白虎为屠，青龙为翰，螣蛇为戏，勾陈为匠，元武为幕，以财旺宜趋，财衰宜避也。

以财值诸星六神符之，役，隶卒也，幕，幕宾也。旺财所值，是业能

---

① 内详九流、百工、何业、成业、执役、业牙、丹炉、符咒、修养九问。

兴，衰财所临，此业不发，倘卦无财爻，则以子孙为财元神，动离宜陶，并雀宜优也。

成业者，世空则无成，卦六冲而有半途之废。执役者，财官旺则利归其室，官克世而有朴作之忧。业牙者，财官旺则客集其门，应象空而有张罗之叹。

学丹炉而用财，学符咒而用官，学修养而用世，此则有别，其他百艺，皆以财为用也。

符咒求灵通，故用官，修养求长生，故用世，其他工巧技能，专以资身立家，故执妻财为用。

盖问业在于趋利，因业之利而辨诸用，则用神随业而移，吉凶昭焉。

治经章第五十九[①]

古人受书，经学尚焉，此义理之源，亦科名之籍，故官文两旺，而名荣经术，世空而白首无成。

概问何经，则以五行分之，金为春秋，以其义也，土为易，以其信也，火为礼，以其文明也，木为诗，以其被乐也，水为书，以其出雌也。虽然，概问不如专筮之明，考其官文旺实，并临岁月，而遇擢可期。

概筮以文画属何爻，旺则宜趋，衰则宜避。专筮，惟官文喜旺，世爻忌空。

夫筮改经，犹卜求名，父官旺而名成，世爻空而不遇。治经经成，著书书成，文与世象，不宜一空。笔耕书佣、卖文卖画，父与财爻，喜其两得。欲参宗禅之奥，戒六冲而世空。欲述古今

---

① 内详性经、专经、著书、诗画、参禅、明传、演法、修谱八问。

之文，明圣贤之传，忌世空而文陷。欲演天书之秘，亦戒世空六冲，文陷而道伪，官旺而名高。欲修祖宗之谱，父旺而流芳，世空六冲不成也。

盖学而求道，在乎成身，则六冲世空为戒；学而求进，在于成名，则象文爻宜旺。占者审之。

延师章第六十[①]

亲师择友，学业所尚，故以文书为用爻，不宜休囚，休囚有伴食之讥；不宜空破，空破无师资之益；不宜散绝，散绝多作彻之嫌。且三冲来往，难收一岁之功，游魂改移，定有二家之志。

是以文书居日月之上，则师严而道尊，成人有德。临旺相生扶，则循循而善诱，名实兼收。动衰变旺，先惰而后勤，动旺变衰，先严而后敝。父化退而倦劝，父化进而克振，父化父而殊经，父化财而贾儒也。父化官则有显贵之交，父化兄则有追随之友，父化子孙则高闲好道，多物外之心，旺而克世，学问有责成之功，衰而克世，馆餐有求全之意。兄弟动多争请，子孙动多附从，官动高名，财动重利。

唯父为子而延师，然后以应为西席，以世为东家。应生世者，主宾相成，应克世者，游从不易，应空其意不留，应动其心不一，应破散其体不宁，而世动世空，则吾心先倦。然进德修业，必系文书，故父母之爻，不可一病，故应爻旺而父爻衰，不受切磋之益。

自占场父为用，父占兼应为详。盖应乃师之身体，父乃师之德业也。

父母为师，尊其道也，世应主宾，言其体也，贤愚优劣，专

---

① 内详附学、相资、同坐、馆安、蒙读、寄读、成师、邀游、访遇九问。

察父爻，若百工学艺，技而非道，专凭应象，唯六合及应旺生世为吉。是故应空其技不精，应破散其制作不备，应墓绝其艺不巧也。应克世而多役使需求，三冲而不能久处。

道贵博学专用文，技贵异巧专用应。

卜附学者，以学为先，亦看文书，忌三冲父陷；兄动克世，则学友轻狂，应爻克世，则主家重利。卜相资者，友而非师，则看应象，喜六合生身，恶三冲克世，喜生扶旺相，忌空破散绝。

若同坐有功，馆地有益，又看文书。馆地之安，世爻毋空破散绝，而鬼象莫之交重，则安宁可居，而随墓助伤，亦有灾咎也。

若蒙读之安，惟取子孙旺相，而鬼动命墓不宜也。附亲远学，离乡寄读，及入学诹吉，皆同此占，兼看文书之旺衰也。延师成否，贞冲合冲，世空应空，及无官而不成。邀师远游，父占应坏而不从，子占父坏而师不诺也。访师遇乎，指其人也，应空六冲，则不得其门也。生我者亲，成我者师，可不慎乎？

卜馆章第六十一①

问馆有无成否，喜六合生世，恶三冲应空。

问馆何地，以应为方，在坎兑而近水，在震巽而入乾，在坤艮为山野，在离为城市，在乾为大都灵宫也。应居父母，则诗书礼乐之家，应居官鬼，则仕宦史胥之宅，居妻财为商贾，居兄弟为同侪，居子孙则清闲道德之门也。以阴阳而分男女之延，以内外而分远近之请，以游魂归魂而分本土他境，以六神分景色，而

---

① 内详何地、何时、就馆、开馆、附学、代馆、辞馆、荐馆、攘馆、选刻、卜徒、幕馆、商馆十三问。

诸星为人事也。问得馆何时，实世生世合世，则其期也。

应带青龙，其地在长林丰草，元武其家在水畔池傍，朱雀闹市烟村，白虎荒乡僻境，勾陈近于田野故茔，腾蛇依于往来工艺舟车也。贵人为宦，驿马为商，华盖为僧，天财为贾，天猪为屠，余以类求。

既延而问就馆之吉，三冲则砚席难终，财陷则束修未腆，应空无尊道之志，克世有慢师之嫌，应破散绝有怠学之心，唯六合财旺应生为吉。馆已定矣，如我处而身安心定乎，则随墓助伤，不可犯也，世用空破散绝，不可遇也，官鬼不可动也，动则以五行八宫、六神诸星详之。游魂不久，三冲不定。

鬼静无戒，鬼动有忌，艮由童仆产祸，兑由妇女生言，乾坤防老翁姬之憎，震巽慎小工技之谗，坎惊盗，离惊火，八宫之约举也。金丧，火非，土病，水失，木折，咸池淫，天贼盗，官符讼，驿马迁，五行诸星之约举也。六神亦然，元武遗亡，朱雀毁谤，龙败事于嗜酒，虎失利于兵丧，勾陈趄咨遁闷，腾蛇浮燥惊惶。

设帐来从乎，应空则负笈无徒，财虚则馆穀不盛。问附来者，同于设帐。问代席者，同于成馆。若筮辞馆，以应为主人，应克世而不从，应空散破绝而不遂；主不从虽六冲不能解，主不遂虽游魂安可辞，惟应实及不克世者，可以去也。筮荐馆，类于仗托，贞冲应坏则不力，克世则不忠。筮攘馆，犹于夺婚，应破散空，彼谋不遂，克世而为其所夺也。

有问选文刻画，其用有二：名用父母，利用妻财。卜徒好恶，其用亦二：三教谊同父子，故用子孙；百工业以求利，故凭应象；然执赘之后，有子孙应象之分，束修未行，则皆从应象，此三教百工同也；应克世而其人矫冈，应空破散而其人下劣，三冲而无恒心，财空而无礼币。

若筮馆于衙幕，及同业于富豪，财官世应，喜其生合，忌彼空冲。若筮遇于何地，则不以应而财，财生之方，财动之宫，乃可图也，财属五行，乃其象也。六神诸星参之。

财动论宫，如财动乾宫，宜趋西北；财静论生，如财属金爻，利涉东南；妻财临水，遇鱼盐之业、江海之滨，妻财临木，遇花果之行、山林之所，土觅田野，火觅城市，金觅玉石；武水龙木，虎兵雀市，蛇商勾医；天医医使，华盖僧从，皆以财考也。纳人之请，世应为先，服人之事，财利为务。

功名章第六十二[①]

国家以文章取士，则凡大小试，皆以文画为用，故父母喜日月旺相，恶破散绝空，飞而无助，虚抱经纶，伏而有填，定升廊庙，安乡遇克，将飞而坠，绝处逢生，已弃复收，象凶而吉者遇其时，象得而失者违其令也。唯文画临建临破，不同此例。得名在我，世不可空，主试在公，官不可失。

求名者，以父母为用爻，官备世实则吉。飞而无助，如未建辛日，得渐是也；伏而有填，如午建戊午日，得大畜是也；安乡受克，如亥建甲寅日，得乾是也；绝处逢生，如申建乙巳日，得震之随是也；遇其时，如卯建丁亥日，占秋试得大过之井是也；违其令，如寅建辛亥日，占春试得师之坤是也。遇时，谓考期官文值月建，违令，谓考期官文值月破。若文画以象学业，今值月建，后逢月破不坏，今值月破，后值月建不全。

有谓六冲不吉，曰否，或应阻其考也。有谓合处逢冲不吉，曰否，或临试而值变也。有谓悔冲不吉，曰否，或虑得名而有事也。有谓随墓助伤不吉，曰否，或名成而疾病惊惶相缠也。有谓二分不吉，曰否，或求名而两适两就也。有谓兄动不吉，无非夺标之嫌，子动伤官，无非嘱托之辈，财动克父，无非贿赂之夫，

---

① 内详发年、考时、发案、收试、补廪、廷试、武试、封荫、投靡、从军、委署、草野、求名、仕途、大象、升信、升时、是期、升方、是地、是官、簋官、补官、援例、久任、身安、荐奖、开复、上画、献策、条陈、虑参、防后、大计、告养、履危、揭参、交代、杂职、裁缺、公议、国务四十问。

唯在官文两强，仍可得志。科举古占，得乾震则吉，乾天震雷，以应元首声名，然皆凭于父摇官发，化变飞腾，若父失官空，宁辞沦落也。

已以八者，求名虽不宜见，若得官文旺备，或先阻碍，而后成名。

是故拔元拔首，父母建于日月，补增补廪，妻财并于丰隆。世居父旺，曾经揣摹之成，应坐父兴，当赖风檐之助。动衰变旺，喜后劲之文，动旺变衰，惜强弩之末。进神则上其名，退神则下其等。父父相助，文章粲于斗牛，象象来生，姓氏悬如日月。两官两父，旺则连登，衰则再试也。猝病怀忧，诚是随官入墓，越规受恐，宁非助鬼伤身。父坏而带螣蛇，近忧降辱，财动而临白虎，远虑丁忧。衰居龙雀，长诗字而短文章，废坐勾元，骧诵读而耽酒色。世投月破，恐病阻试期，身犯旬空，忌心慵尘务。有气有伤，小有瑕疵之庆，无根无倚，大嫌荒谬之篇。如筮发迹何年，官衰补助其官，父衰补助其父，两现而强其弱，一伏而露其藏，实世而是其时也。

如父旺官衰，以助官之岁为期，官旺父衰，以补文之年为发。官文两现，若有一衰，则生助所弱之爻，如酉建壬戌日得革，丑年发甲是也。官文一伏，后遇露其藏，如亥建乙卯日得旅，而辛卯发科是也。既问第而复问年，或世空当应实世爻之岁。

筮考何时，维司官鬼，发案何时，兼详父爻，收试遗生，专依系象，空散无怜才之心，破绝少广罗之量，最忌克世，虑有杀刑。

凡按考独视官，发案挂榜，并视官文。系象即官爻也，带病不收，克世即怒。

有粮可补，世空财坏嫌无，允廪可帮，鬼克官亡嫌驳。成乎，同于谋事，攘乎，类于夺物也。

官空破而及克世爻，是文宗不允，指是缺而能成，贞合冲、世应空、财官失，则不就。忧人来攘、顶名寄籍同类，应不克世，无相夺也。

廷试擢第，专以官鬼旺相为要，日月并见而抢元，时令旺相而高第。世不宜空，文不宜陷，官爻旺而岁五生，利见召对之荣，文鬼坏而随三墓，忧有不测之辱也。最嫌子动，为卑我品秩，复忌兄摇，为夺吾上第。官伏动扶，疑得位而未任，卦冲世破，恐临试而不前，官绝遇生，偶逢新例之擢，父衰得助，复有考选之荣。

此以官鬼为甲第，父母为对策，岁五，即岁群五爻，三墓，即命墓世墓身墓也。

武试贵乎官，英雄得录用也，世不空而父不陷，便利虎闱。请荫请封，戒五爻之伤世，及官鬼之克身。父乃玉牒，不可破空，世是谋躬，不可虚陷。

如为父母子妻，则世空不忌。

投麾效力，贞冲鬼动则不录，官爻空破散绝则不用，为名则官旺为佳，为利则财官并重，世不可病，官不可克。入伍从军，以身命为要，世象强良，冒锋镝而成功，官爻旺相，拔行伍而拜爵，官爻克世、助伤随墓，弗宜见之。署篆委镇者，筮成类谋差，世应空、贞合冲，及官不可病，筮利同服役，官坏财虚，徒劳驰骤，官来克世，且虑衅生。

匹夫好勇而筮曰：吾生平功名何如？若官旺则有特授之官，世空则成妄想之咎，随官入墓，助鬼伤身，则戒覆家亡躯之祸，当勉于守正也。

后世用才无方，亦备此占。

既食禄于天家，而筮仕途，皆以官为用神，喜居日月，人仰照临，喜居旺相，物沾时雨，喜值生扶拱合，如倚长城而驰康庄，忌值破空散绝，空则失职，破则败事，绝则解任，散则削籍矣。子孙动而防公议，别衰旺以定重轻，兄弟发而减俸粮，分喜忌以言凶吉。长生官而知宦境之远达，帝旺临官而知仕路之升迁，衰墓死绝，而知官道之否，进神则升爵升阶，退神则降禄降级。变墓绝而动生扶，日月克而动变生，皆为安象。泄气动而元神静，升信杳然，元神发而用象摇，迁音乃至。

子乃官之忌神，动则克官，若官旺子衰，或有小过；或子旺官衰，乃受其祸。兄弟非官鬼所忌，但嫌克官之元神，应见罚俸降级之忧。爻得官鬼独旺，不用元神，亦当顺利升擢。卦中或遇子财皆动，官得三象贪生，反属大吉。

自占世爻，盖不可空，空则当升而未迁，有位而无司，在任而居闲，带罪而立功也，他占则否。随官入墓，助鬼伤身，仕宦之所忌也，衰旺皆凶。六合六冲，非仕宦之所忌，冲而旺相，三月之淹，合而休囚，五年之滞。犹有晋升为吉，屯蹇为凶，亦不可遗也。

凡占晋升屯蹇四象，值言吉凶，无论官鬼。

问升迁，卜得日月之官，则超迁也，得旺相之官，则平升也，得休囚之官，则未转也。旺相而动尤速也，休囚而静更迟也。遇空失望，遇破阻谋，遇散枉求，遇绝难始，遇世空而弗遂其占也。毋谓官伏，得助亦升，毋谓子动，得日月亦升，毋谓冲合，得交重亦升，毋谓随助，得旺相亦升。

专考官爻，代占不忌世空。

其升何时，值月为法，逢生旺而会推，遇扶助而高擢。再筮是期，世实官崇，非复他日也。

如两官一强一弱，其弱值月则升，如亥建壬戌日，占迁得丰，季冬始升是也。一官必求值月，可以占验，如长生临官，得官有气，亦可升迁，生助之月亦然，而不若值月为最，长生次之。

其升何方，官属为法，属金而当升任于西土，属木而当治事于东方，属水而当齐民于北海，属土而当秉政于中央，属火而当为化于南隅也。

不拘官爻衰旺，及十二支神，大略以五行分之多验，如戌建戊申日，占何方得革，以支神言，则以丑官东北，未官西南，后应擢河南中土，其他仿此。

若独发离宫，关南柱石，单摇坎卦，塞北屏藩。其在巽也，兴教化于东南，其在乾也，立功名于西北。兑当陇蜀，震偏齐鲁，艮行辽蓟之漠，坤来秦晋之疆也。

凡独发，则以八宫断方数，其他则以五行断地利也，举天下而言之，弗拘乡、任。

一世官则以禽宿为分野，一伏官则以飞神为地方，然占官而不占世也，既仕以官为象，而不执世。

卦中一爻官鬼复居世上，当用演禽二十八宿分属、何处、禄仕是也，如亥建戌寅日，卜升方得同人，亥官居世，京房降宿危星，后擢齐地分野。卦内无官，当求伏官之上飞神，以为任所是也，如酉建乙巳日，占升方得颐，丙戌世伏己酉官，后擢西北，余仿此。

归魂屡复旧任，游魂尝履新途。六冲伏藏则远，六合出现则近，内近地而外远方，初接壤而六边鄙也。

凡卦中只一官爻，在内为近，在外为远，初爻近，六爻远，馀爻类推之。若遇内外两官，则考其卦，游魂六冲伏藏应远，归魂六合出现应近。盖一官以内外分远近，两官以卦象分遐迩。

有指而筮得是地乎，贞冲合冲、官坏世空，则非食禄之方。有卜考选升调，而筮得是官乎，世实官旺，则为应拜之职。

考职选官，升任调缺，或指是地是官，而筮同此法。

概占当得何官，则专察官爻，以八卦而别其属之部曹。

乾为天官，古称冢宰，木天之臣，属朝廷禁内杂职，及厩马之司。坎为冬官，古称司空，总河总漕之务，司台谏，属天下之水利者。艮为阍寺，司晨门之吏，防御备卫之僚，治狱禁，属矿藏宝库钱局之类也。震为春官，古称宗伯，师傅太子东宫，或总试总裁，及司宗庙祭祀礼乐文章之官也。巽为天使，及司上林，奉命申四方者，上差之僚佐也。离为夏官，古称司马，专耳目之权、纠弹之事，一为端门之辅，修史之文明也。坤为地官，古称司徒，司天下农事，有土之官也，疆场社稷之任，母后之内臣尔。兑为秋官，古称司寇，司言语，职刑罚，通章疏，主上膳之事也。

以六爻而辨其位之高卑。

凡官在初爻为散缺，一为本乡官守。在二爻为县邑，一为谏议大臣、相国学士。在三爻为守牧，一为三司首领，及大衙门随从之官。在四爻为司道，一为九卿六曹，及近君之臣也。五乃君象，非臣所居，惟代天巡狩之官，及钦命钦差者当之。六爻为贵戚之乡，及宗庙功勋之臣、高尚之士、辅相王府之官、四围之股肱也。武途封职，其义相类。

以五行而分其官之职掌。

凡金官必司兵事，或执刑衡。木官必司工务、礼乐苑囿、车舆舟楫，及桑麻、制造之事。水官必司江淮河海，及水利盐务、税饷漕储。火官必司文章、参劾、祭祀，及冶铸、喉舌之权。土官必司土地农田、社稷边疆，及陵寝、屯守之柄也。

以六神诸监，而参考其官之政事。

青龙则其政清耀，文章诗赋清花之府也。朱雀则其政剖断，谏议善恶，折辨是非，言路之官也。勾陈则其政田土，兴教劝农，治寇保民，一方之牧也。螣蛇则其政传宣，往来驰骤，浮沉体察，差遣之利也。白虎则其政威武，掌生杀之权，秉军旅之事，刑罚之宰也。元武则其政水利，司捕司谋之象也。文昌为翰林，官符为有司，天马为钦差，天狱为禁吏，斗木獬，巡方之官也，尾火虎，兵权之主也，星日马，圣传之司也，亢金龙，文章之相也。大抵五行六爻八宫为经，六神诸星为纬以参之。

日月以像之，世应以度之，君臣以位之，是故独发论宫，一爻论位，两现而求诸属，俱无而考诸伏与变，伏占飞神，变占八宫，伏变这法，亦可离位属也。欲知当世之官守，以象求之，虽代有更名，理不远矣。

凡官临日月建，若非社稷之臣，定是直节科道之官。官爻持世为正印，临应为左右之职。五爻为君，非御史而当宠幸之臣；二爻为大臣，为宰相，而为国家之仪表。官爻独发，但论八宫，官爻一位，但论六爻，官爻两现，但论所属，卦无官鬼，则求伏上飞神，以位属辨之，卦有动象，则求所变官爻，以八宫别之。

补官起服、援例纳粟，戒世空而反遁也。图差代役、选缺参房，问成乎，冲不利谋也，世不利空也，官不利坏也，问财则不利财虚，问辱则不利官克世也。

或筮久任乎，三冲游魂则不久，官坏而罢职，世空而解组，官克世而参谪。或筮履任身安乎，随墓助伤，及任乃病，世破鬼发，临政抱灾也。

久任以官为官，身安以官为病，卜筮用爻，妙在变尔。

求荐奖，而遇官文破坏，恐荐贤之不力，鬼象克世，虑奖饰之非真。世值空亡，求荣不遂，望擢难迁。谪官开复，亦同此推。

民间坊匾、旌表、冠带、衣巾、乡贤、乡饮等事同类。

面圣上画，叩阍献策，遁不可遇也。见六冲而上下暌隔，受五克而披君逆鳞，五位伤而忠言逆耳。若条陈于将相，喜官兴而忌克世也。

五克谓五爻克世，五位，谓五爻空破绝散也。

夫在任而防参罚，恶子动而好官兴，世空则离任。离任而虑后患，好子动而恶官兴，世空则无事。大计之问，求官鬼之无瑕，索世爻之有气，官临日月生扶，定膺卓意廉能之选，子孙动而有降职之忧，兄弟摇而有罚俸之议，兼逢官破，致仕还乡。养亲给假，告病休官，若官克世而被留，官爻破绝空散，谁明高蹈之怀，世象随墓助伤，反受风尘之缚。任乱地而求身安，随墓助伤、世穷鬼发非祥，任危邦而求爵显，官隆世实则吉。

设如治河防决，忌鬼动鬼克，抽税征商，忌应空财坏。考卷有瑕用父母，征徭无用妻财，在占者志此用此，志彼用彼也。

凡公揭参疏，犹词讼也，先占上意从违，次考应爻生克。何时交代，官鬼墓绝、子孙生值以为期；何时官来，毋拘士庶僚役，官鬼生旺以为实。觅人代署，应空谁为代之，或从官，或从人，用爻当晰也。

官来，指其爵也，人代，指其人也，用爻微细如此。

太医、僧纲、道纪，所喜惟官旺财备，所戒乃鬼克世空，以及随助也。

凡占杂职皆同此。

衙门裁革，止察官爻，公议短长，惟求鬼象，国务行止，专从五位也。

官旺则不裁。公议将行之事，鬼破则中止。兴革损益，得君命为行止，五爻克世，则不行也。

用人章第六十三

古之治国者，莫难于知人，知人善任，而庶事有济，况于营家治生者乎？

任仆以财为用，任人以应为尊，三冲则鲜克有终，克世则中怀不利。

任长以父，任幼以子，任士以福，任臣以应，因其任而为用也。以生世为忠良，克世为奸恶，空则无能，或不为我力，散则无心，或不从我用，破不一向，绝不先劳也，纵生世而不得其力。任文以父，任贾以财，任畜牧以子孙，任交游以兄弟，而应象皆不可病。盖应为根本，艺为枝叶，应空破，虽父旺而不文。

六亲之推，父母为才能，弟兄为诡诈，子孙为善良，妻财为术技，官鬼为强梁也。先忠后佞者，子化官，先奸后义者，鬼化财也。

必因生克，而后言吉凶。

六神之推，带青龙而生，则得弹铗之贤，随青龙而克，则惟藏刀之诈。虎生世者，刚而直，虎克世者，勇而暴。雀生世者，辩而忠，雀克世者，佞而奸。武生世者，智而敏，武克世者，巧而贼。腾蛇生克，分损益之虚浮，勾陈克生，分善不善之迟滞也。

若来生世，虽凶亦吉，如来克世，虽吉为凶。

动于八宫，则察八宫之情，坐于五行，则推五行之性，星煞详之，衰旺考之，则人之贤不肖，可藉著而得也。

八宫专论独发，五行六神诸星，惟论用爻所值，如动于乾，生世为刚健，克世为骄恣；发于坤，生世为柔顺，克世为阿逢；在震，生世为正直，克世为暴戾；在巽，生世为伶俐，克世为风从；在坎，生世为智巧，克世为奸险；在离，生世为明识，克世为浮燥；在艮，生世为笃实，克世为疑滞；在兑，生世为和悦，克世为谄佞。水之为贤曰智，为不肖曰贼；火之为贤曰急，为不肖曰纵；木之为贤曰慈，为不肖曰懦；金之为贤曰刚毅，为不肖曰强横；土之为贤曰敦信，为不肖曰愚蠢也。驿马之生也，勤于趋走，克也，数于往来；天财之生也，善于生息，克也，善于贪攘；官符之生也，长于智谋，克也，长于讼斗；咸池之生也，能于工技，克也，溺于酒色。生世，则有益于己而为贤，克世，则有损于己而为不肖。

测隐章第六十四[①]

事多蒙昧，迹涉嫌疑，人心之诚伪喜怒，物象之有无完缺，善筮者，亦可以意得之。故筮诚伪者，专察用象，疏则用应，亲察六亲。用空则不实，用破散则非真，用绝则其习不坚，用动则其操不笃。化于生扶子孙，善而可亲，化于克冲官鬼，恶而宜避。测人喜怒，用神冲克世爻，则怒恶相加，空散破绝，则忧喜无实；居白虎而生世，怒而不迁，居青龙而克世，喜不相及；卦冲而爻生，外怒而内悦，卦合而爻克，先喜而后嗔。喜怒之占，生克为重，冲合为轻。

筮为我害乎，克世者是，筮为我助乎，生世者是，然逢空破

---

① 内详喜怒、害助、测物。

散绝，则损益咸虚。测物有象，父像文书，财像珍宝，鬼像妖孽，子孙像飞走之物，兄弟像工力之事。有无完缺，以用神衰旺、虚实、破散断之，则物无遁情矣。

收雇章第六十五^①

凡占收雇，三冲不久。收仆备驱役之使，财为用神，是以财神空，身虽从而心不向，财神破散，轻疾病而重丧亡，财神绝衰，不得其用，财神旺而生合世身者，此手足以奉腹心，财神旺而克冲世者，此干仆而加弱主。故未收而占臧否，止忌三冲财病，虽克不嫌；已收而占去留，亦忌三冲财动，克世当去。

未收之时，财疲生世，吉而不吉，财健克世，凶而不凶。已收之后，如问忠奸去留，克世则负己，生世则尽公，岂能执吉神克世不凶乎？

察其性情，专于用象，金刚、火强、水智、木仁、土信也。青龙能文，朱雀能言，白虎暴戾而元武奸，勾陈迟钝而腾蛇浮也。八宫辨之，诸星配之。

用爻独发而论也，在乾志高，在坤性顺，震直巽奸，坎暗离明，艮讷兑佞也。角有蛟志，尾有虎性，奎有狼心，星有骥德也。随生克衰旺，而言吉凶。

游魂用空者，则有逃亡之变，归魂用破者，则有回赎之嫌。二父二官，事或两头之系，三刑三破，身常四体之灾。世空我疑，间动防阻也。

三破，谓岁月日之破。

催倩人工，则应为用神，应破绝则不能美其终，应空散而不能谋其始，三冲无定，克世无良。倩蚕织之妇，妇女从财，财不

---

① 内详雇工、倩人、去恶、防夺、防非、防病诸问。

可坏，催情从应，应不可病。应来克世，恐害吾事，合冲变冲，不可久留，八纯六冲，不可暂用也。

欲其去，应克世而不去，欲其来，应受阻而弗来。人可信矣，不为夺乎，应克世而被争；人可用矣，不受非乎，官动官克而被讼；人可用矣，不有病乎，命墓、应坏、鬼动而患病。

校正全本易冒卷之八

理财章第六十六[①]

凡趋利之占，皆以妻财为用，因事而求，偶兼他象，是故干谒宜官，财官不可丧气，商旅忌鬼，官鬼岂宜交重。

行商若财爻旺相，或鬼动不值雀武蛇虎，亦为有利，倘妻财空破，即应讼盗惊灾。

囤积审脱时衰旺，养育种植类之。脱于春者，宜木象之乘财，售于冬者，恶火爻之为用。

当考所筮之时，亦宜财神有生扶，无破坏，后复遇时，方得厚利，倘占时原属破散，失救援，纵后遇时，亦利薄也。

财审有蒂，遇时则芳，财神无根，遇时亦常。脱地有定则考时，脱时无定则随占。

如贾肆之业，止论时下占财衰旺，不可以后来日时为应。

贾肆之问，亦利久长；托本寄货之问，又利始终。故三冲有始而无终，应爻破散，先忠而后佞，应爻空绝，先亲而后疏，应爻克世，怀叵测而侵没也。四者有一，纵财无克破，亦弗用之。

凡占业得财神旺相，如无伙伴，虽遇三冲，但不久而亦有利可为，惟

---

① 内详干谒、囤积、贾肆、托本、寄货、公门、博戏、借贷、觅物、订会、巫医、优娼、工技、缘募、迎客、脱产、行险、索通、夺报、发伏、造作、脱置诸问。

托寄遇冲，断无终始，财虽旺相，不可行也。

趋利公门，当控官心喜怒，求财博戏，须详应象克生。

官鬼空破，乃官不重也，若克世主有刑责，故财虽旺不吉。应爻克世，乃彼胜我也，财虽旺必先赢后输。

借贷戒应空，是谓虚诺；觅物忌世空，是谓难得也。畋獵如之。

买货若遇世空，妻财虽有在卦，亦主难买。

复观所求，当分其用，飞走之灵，不用财而用子孙，衣服舟车之具，不用财而用父母。

订会类于谋事，贞合冲则不聚，世应空则不会，财官陷则不成也，为人说合亦然。若筮得会，财当日月可获也；若筮有终，三冲应坏克世非良也。

财当日月，如酉建丁酉日，占庚子日摇会，得水地比，果获之是也。再如寅建乙卯日，占何时得会，遇丰之离，其后午月方获，是财当月也。馀仿此。

巫医之利也贵名誉，官鬼为专；优娼之利也贵鼓舞，亦官鬼为务。工技之于人事也贵情好，忌应克世；僧道之于缘募也贵悦从，恶应爻空。行次迎客，彼空谁来；脱产求交，应空谁与也，交有所指，则同谋事矣。

或兼用官，或兼用应，而财神不可脱也。

若行险求财，此非营生之本，未言其利，先明其害也。助伤随墓而害大，应克世而途遇强梁，官克世而路遭罗网，鬼爻发动，虎卧当道。欲往何哉，加元武为寇盗之凶，加朱雀为斗争之患，勾陈为拦阻之人，腾蛇为风波之骇，白虎为灾疾之危，惟青龙可以凶而吉也。

非分之求，凶多吉少，常身家俱殉，故有戒词。

索逋者，应克世为负心，夺报者，兄爻动为攘先。

脱者宜动，留者宜静，发伏藏者宜伏而现，假造作者宜变而建。

发伏，如开矿淘沙取藏之类。假造作，如木匠土工针线机织之类。财临变爻，复值日月建为吉。

财逢合而当遇，财逢冲而当起，货人宜衰则易买，货出宜旺则得价，财逢生旺当征贵，财逢衰病当征贱也。

此言货价贵贱，收发之宜。

财爻绝，得生则脱，财爻空，得填则获，财爻破，得补则复，财爻无，见时而得，财爻旺，墓库而收，财爻衰，得旺则长也。化进神者日增，化退神者日减，利厚者财化生，利薄者妻化克也。

此言财爻生克补救之法。

游魂财旺宜行，归魂财衰宜止，六冲宜改图而得利，六合宜需守而生财。坐世遂本地之求，居应称他乡之脱，现于间爻，中途反生息也。

此言脱货之利。

财衰于内，买宜近乡，财休于外，置宜远所。衰而变旺，其价先屈而后伸，旺而变衰，其物先金而后土也。卦无财而财且衰，价贱而不得买，卦无财而财且旺，价贵而不能买，惟现而衰，满心得置，叠而旺，遂意得脱。

此言置货之宜。

脱货何为吉方，财生之处也，独发求宫，重见求属。置货何为吉方，世生之所而已。

此言置脱吉方。

问何货为善，无是法也，当分类占之，间有筮焉。财旺则以妻财所属，财病则以子孙所属，五行六神而考也。类金者玉石像焉，类水者鱼盐像焉，类火者陶冶像焉，类木者百像焉，类土者五谷像焉。青龙木利，喜庆为用也，白虎金利，丧屠为用也，元武水利，酒食为用也，朱雀火利，市肆为用也，螣蛇土利，出入为用也，勾陈人事之利，农田为用也。有指而求，无自妄也。

问者意属何类，然后以象像之，万弗自逞聪明，以妄言语而误趋避也。

夫子孙生我财，喜有而有喜无，官鬼耗我财，吉安而不喜摇，兄弟克我财，喜静而不喜动，父母为辛劳，喜抑而不喜扬。凡益财者宜其动，损财者宜其静也。

此言六亲喜忌。

传言得萃，而经营折本，当为占者之戒云。

京子传，以萃数缺无补，因戒占求财，兴贩尤忌。

桑田章第六十七[①]

田之用财，言其耕得也，桑之用子，言其育利也，是故占西成之稔，财实则丰，财虚则荒也。所以五谷熟，为财爻之有助，百成，为妻象之无伤。卦验得丰，古称大有。夫官鬼天殃也，殃不宜作，作则为稼穑之害矣。是故火鬼动，而司亢旱，水鬼发，而司淹没，土司蚁，金司蝗，木司风，而及萎秕也。

初爻田也，二爻种也，三爻为秧，四爻为苗，五为谷子，上为耕夫，鬼发于是，则为是灾。鬼发初而田原瘠，鬼发二而种复植，三爻鬼动而莨稗欺，四爻鬼发而虫蠹疾；风雨阻其结也，五象鬼兴，病厄困其力也，六爻鬼作。

若夫稻宜早晚，种宜蔬麻豆，皆察财象逢时。春树而秋收者，金财之宜，夏植而冬遂者，水财之利也。

召人之耕，应为彼，财为息也。应爻空破散绝，则荒吾田，财爻空破散绝，则薄我息，克世则负己，三冲而无恒，惟应生合

---

① 内详种植、召耕、佃田、耕牛、蚕利、叶价诸问。

而财旺相，则得上农之助。若耘人之田，惟以财为利。

筮耕牛，五爻、子爻不可病也，鬼爻不可动也，爻属、生属不可入鬼也。

病谓破空，生属即丑爻也，爻属，五为牛也，值鬼有病。

是故蚕以子为用，实则多获，虚则少成，盖子孙空破，而忧筐簇之虚，福德生扶，而喜结缫之实。筮坎兑者，虽子旺而徒劳，筮艮离蛊咸者，虽子衰而倍常也。官鬼蚕之病也，病不可发，或现于卦，或现于爻，或现于五属，或现于六神，因事以趋，随事以避。是以坤艮之鬼，其室不宜，乾兑之鬼，其釜不利，巽震惊风雷之暴，坎离恐水火之殃也。

初爻之鬼，病在种也，上爻之鬼，病在茧也，二为箱，蚕细之时也，五为筐，蚕大之日也，鬼发于是，岂无变乎？三爻人也，四爻叶也，鬼发于是，岂非人困而叶悴乎？

何宫何爻，鬼动益甚。

水伤湿曰青，金伤饥曰白，火伤热曰焦，木伤风曰拆，土伤气曰黄，鬼发于是，则有是病。

此释鬼限五行之义，青谓湿青，白谓亮白，焦谓细小，拆谓软死，黄谓痿黄也。

龙不可以闻歌唱，雀不可以见喧哗，虎不可以动悲泣，武不可以触秽，勾陈不可以徒箱筐，螣蛇不可以历倾覆。

此释鬼现六神之义，如鬼现支神，则巳有蛇游，子有鼠舞，午为蚁食，酉为鸡啄，亦以戒焉。

复求得利者，专用妻财，复求同育、更种、买蚕、育所，专用子孙。

蚕财，以财为用，同育、更种、买蚕、育处，皆以子孙为用。

夫桑叶货物也，是故财爻旺相，其贵如金，财爻休囚，其贱如土。盖金土之贵贱，亦随日月时而移也，月以月计，日以日计，时以时计，亦随其占而考也，财旺于内，贵卖于近，财旺于变，贵于后也。

概占何时贵贱，以财旺之时为贵，财衰之时为贱。若计限时日月而卜，直以财旺为贵，财衰为贱也。迟早贵贱，以财旺之日月为贵，财衰之日月为贱。

叶可尽与，子孙旺而叶尽，叶可馀与，妻财丰而叶馀。

问叶可能尽，盖子旺蚕好，则叶可能食尽。蚕食外尚有叶多乎，财旺则是年桑叶茂盛，故应有馀也。

畜养章第六十八

夫禽兽之物，以子孙为属者，以其蓄利之源也。或用于财，或用于子，其法有二：盖求物身命则用子，以物取利则用财。

卦属爻属生属，而载于五行者察之，官鬼之神，是为物之灾也，白虎之煞，是为物之屠也，畜养之筮忌之。

官鬼为疾，白虎为刀砧，并忌。

是故牧马牧牛，鬼不可动于乾坤之宫，鬼不可入于五六之爻，鬼不可现于丑午之位，然后考子孙之衰旺，而白虎无拘，盖耕牛厩马，纵病而弗屠也。鸡鸭鸟鹅之属，则以子孙为物身，旺肥衰瘠，空散则亡，破绝则死也。初爻是其位也，酉是其命也，皆忌鬼犯；虎为其宰，鬼为其疾，皆不可动。

此言畜禽消长肥瘠。若贩鸡哺鸭，求财当以财神为用。

猫犬麤豕羊鹿者，莫不以鬼依二三四爻、寅午未戌亥之位为凶，发于坎兑艮之宫为不利，而子孙喜旺、白虎喜宁也。

二爻猫犬，三爻麤豕，四爻羊鹿，寅猫午鹿之属是也。

夫鬼守于亥者鱼必消，困于申者猴死，所以养鱼而信以财考，养黄鸟斗虫而信以利求，畜牝而今以息问也，当复计其时尔。

不惟以财为用，复当考其获利之时，如夏畜秋斗则喜金财。

是故卜禽兽之肥瘠死生者，专物之身而言也，务用子孙；若以禽兽之畜养而待趋利者，专人之得而言也，因曰务用妻财。

丁产章第六十九①

立户成丁，置业归产，止畏征科之累也，故官鬼为徭役，不可动、不可克，动烦而克累也；不可随墓助伤，随助有飞差突派也。惟鬼静福兴，而安居乐业。

或筮寄户，或筮投图，专察应象，应空不容，克世多累，世空无成，三冲不久。

并分丁产，收回图甲，清漏粮赋，皆以助伤随墓为恶，鬼克世为凶。

交纳易乎，官克世而难也，散派难乎，世克应而易也，违限安乎，鬼动官克而危也。

户役章第七十②

役有不同，有我求之役，有官派之役，有利之役，有不利之役，皆役于官也。故喜忌皆用官爻，求而有利者以役为利，则财旺官备为吉，以官坏克世为凶。

凡盐漕河赋之差，吏胥吏卒之辈，官能荣之，故官不可空也，官能辱之，故官不可克也，官能利之，故财不可无也。随官入墓，助鬼伤身，为公门之大忌焉。

---

① 内详寄户、投图、归甲、清漏、交纳、散派、违限诸问。
② 内详谋差、顶役、脱役、助役、卸役、讼役、避役、防患诸问。

筮谋差之成，贞冲、合冲、世空、官失，为不就也。顶役之成，世空、应空、贞冲、合冲、官失，而不偕也。

派而不利者，以役为害，是以问役轻重，官克世而役加，官持日月旺相，役必多、徭必苛也，休囚则少，空散则免也。破分动静，动有而静无也；随墓助伤，亦应大凶，得逢空破，反为得免。

脱役除名，官克而不宥，官空破散，嫌释我无主，官临旺相，忌制我方疆。故凡官不可克、不可极、不可没也。

极，谓极旺，没，谓失没。补遗云：官鬼克身难脱役，子孙持世易除名。

若求人助役，须应生世，如应空破散者无助。若觅人卸役，须世克应，如应空官克者无门。若讼官得理，克世非宜，如官空破散者无益。盖公以官，而私以应也。

私处求应生，公断戒官克，应空谁相怜，应克孰为力。

卜潜踪避役乎，鬼旺则役来，鬼克世则捕我矣。卜当役防患乎，官动官克则多累矣，唯卦静而子动，二占之吉也。

避役防患，皆喜子忌官。

大抵役而趋利好财官，役而免害恶鬼旺，及动官克世。避役而喜失其鬼，谋役脱役，而不喜失其鬼，用神无执一也。

谋役脱役，无鬼难为主焉。

合分章第七十一

人事分合，或以义合，或以势分，已分而欲合，向合而求分。主于自为，皆以世为用，主于为人，则以所主之人为用，旺相生扶则吉，破空散绝无成。以世为主者，忌助伤，以人为主者，忌命墓，此其大象也。

専务用旺。

是以为己而分合，则世为之主，为手足而分合，则弟兄为之主，为卑幼而分合，则子孙为之主，为臣妾而分合，则妻财为之主，以主象无伤，财福生旺，而为启家之吉。

既分合而占所事之利钝，则各以用象占之，如居则同宅占，如业则同财占。大抵分事求胜，胜无忌动，合事欲和，和则戒变，所以变于朱雀阴官，而言生中蕃，变于元武阳官，而隙开暗欺，故君子宜广其心也。

出纳章第七十二

出纳之交，兼参人己，我与人曰出，我受人曰纳，问彼弃亦为出，问彼受亦为纳也。

是以我业当出，卦冲财坏而毋留，我屋当出，卦冲鬼动内坏而非我居，其货当出，卦冲财旺而及时，当纳而反是。

筮彼屋脱否，应实父完则脱。彼业与货脱否，应实财完则脱。筮彼纳否，贞冲、应动、应坏则不纳也。

欲纳其物而无祸者，类防讼也，欲纳其物而无争者，戒应克也。

随墓助伤、鬼动官克谓有祸，应克世谓有争。

欲脱其产，而图更置者，世空父坏则不得也，欲脱其货而财不耗者，财实则不散也。筮送物求纳，六冲、应动、应坏则不纳也，财化退而不纳财货，子化退而不纳牲禽，若应克世者，空破则怒麾，静实则蟹，收而不报也。

父母退不受书文，官鬼退不受图像，兄弟退不受双对物也。

大抵出利交重，不嫌用坏，纳利用变，卦喜静生，此出纳之分也。

取质章第七十三[①]

有质而取，何用揲筮，事在季世，物情难测，则卜吉而往，先审用爻。

人以六亲，物随用象，凡舟车房屋服御之物多用父，凡土田货贝宝玩之具多用财，凡禽兽生动之类多用子孙。平交取质，应克世而有攘心，贞合冲、世应空而无成事，官虚、用坏岂得全归。

若驱掳劫质，又异平交，先考用象，安危，后察官应生克。鬼兴而难脱虎穴，随助而或陷泥犁，故人物存亡察用神而可见，来归时日，用生扶而有期。

大抵信质情兼交与，故忌克世，劫质势比蒙难，最喜官空，此其分也。

备物章第七十四[②]

器用之设，成家所需，而备物之大有三：一曰井，二曰灶，三曰床，此饮食居处所关，不可忽也。故筮之者，以爻位为用，以官鬼为灾，以三冲为不久。

井之位曰初爻，以其穴地也；灶之位曰二爻，以其中馈也；床之位曰三爻，以其人事也。皆不可克世，谓其犯吾，皆不可受伤，谓其失利，皆不可依鬼，谓其生难，皆不可动官，谓其作祸

---

① 内详劫质、存亡、还期诸问。
② 内详井灶床、寿具、杂物、奉公、托人诸问。

也，井之开闭，竈之修作，床之安造，犯此而凶，值福而吉。

若置寿具占喜忌，宜用旺鬼安。占妨犯魘倒，忌鬼克鬼动、随墓助伤。

如筮舟车，喜久喜利喜安，而忌卦冲财坏也。置锄犁网罟者，惟以利也，专之以财。占戏具者，备美用父，取利用财。置炮矢者，意在伤人，专之以世应。备物置用以物而推，衣饰多用父母，仪像则用官爻。

奉公置造，官坏世空，及鬼克世者，不善其功。托人置造，应坏财虚，及应克世者，不得其用也。

营谋章第七十五①

夫谋事在人，营求不一，皆物交物而成也。故六冲则不交，合而冲，则将交而变，应空散，则彼心不附，世空散，则我意先慵，唯世应破绝，犹得其半，官鬼失而谋无主，此五者之忌也。

破绝有形，空散无迹。

故自力可成，莫观其应，因人成事，莫观其世。止问成否，但忌空冲，兼问吉凶，并求用旺，谋文用父，谋利用财，释患用子。

占己谋不论应，占彼谋不论世。问成占谋，问吉凶占用。

筮嘱托者，随所用神，或用官，或用应，或用六亲，皆忌空，空则不力，皆忌破，破则无功，皆忌六冲克世，则疑阻生衅，随墓助鬼，则不利公廷。旺衰以分其力之大小，合冲以定其情之向背，化进则勇于事，化退则偬于行，五行六神以断其情性，然勿主吉凶也。

---

① 内附嘱托。

金坚直，木从容，水曲折，火燥烈，土诚信，龙和，虎勇，雀再三，武婉转，勾端实，蛇缠绵，此五行六神从生旺言也，空破反之。

盖凡谋事之来者，法以谋望而并求用神，谋事之去者，法以谋望而不求用神。求于己者世，求于人者应，有交忌冲，无交不忌冲，惟官鬼乃谋之主也，俱不可失焉。盖凡专问嘱托则重体，专问所谋则重用，问嘱托而兼求用神者，体用两全，事无不吉。然嘱托体病，虽用得位无成。故本占为得，不可贰也。

校正全本易冒卷之九

出行章第七十六①

不虞之备，君子所戒，行路之难，自昔纪之，是故风波盗贼、疾病讼非之患，皆以官鬼为大忌，鬼爻安静，利四海之翔翔，官鬼交重，几半途之颠蹶。

武鬼发而忧盗贼，雀鬼发而备讼非；虎鬼动生疾病，蛇鬼动惊风波；勾陈鬼发，而不可刻期，青龙鬼发，而不可溺豫也。车马之祸者，鬼发乾震也，风波之患者，鬼发巽坎也；艮鬼防患于山间，坤鬼避凶于埜外，离鬼戒心于市肆，兑鬼留意于庵祠。

水鬼不宜舟楫，木鬼不宜车舆，土鬼不宜步担，金不宜兵，火不宜爨。午驴，酉酒，木东，金西也。咸池为妇女之患，劫煞为谲骗之欺，耳目为音信之讹，天贼为窃偷之害也。凡动一鬼，主应一祸，所以出行无鬼，而言永臧也。

鬼动五行，则有五行之忌，鬼动支神，则有方属之凶。故午官为驴马之跌，木鬼为舟船之风，鬼动诸星，亦有是戒也，惟无鬼无虑尔。

于是而察用象，自筮世不可病，卜人用不可伤，空则诸谋无成，破则一身染疾，绝则愆期，散则他适，世墓者不出，化退者不行，静而冲者，被邀而游，动而合者，被绊而留，游魂多不定

---

① 内详同行、成行、求事、利方、筮风、关隘、旅寓诸问。

之游，归魂难越境之步也。

投墓、化退、静冲、动合，皆指世爻。游魂行远，归魂行近，或以心志言也。

世随官墓，则阻滞之事生，世持弟兄，则伴侣之朋至，世畜妻财，而有赍粮，世会父母，而有裹囊，世坐子孙，而远近亨途。昔传明夷节艮坎四卦，为出行之戒，今列随墓助伤，二象为伤外之忧，虽用疆鬼静亦忌焉。

释六亲持世之义，并四卦二象，慎不可犯。

于是而筮同行之良者，以应为用，来克来冲，不可与同；且空散无顾我之情，破绝有悖谋之恶，禧禧亲属，则求用象，同而筮安，翫世索鬼。

于是而筮我出成否，坏世不出，虚鬼不出，墓退、归魂不出；筮同行之出成否，贞合冲则不偕，世应病则不偕，官鬼失则不偕。筮行时，则用为出行之身，动则逢生，静则逢冲，坏则逢补，其期可定也。

于是而筮求事者，亦察用爻，求事于科第，则考诸文书；求事于升迁，则考诸官鬼，而毋世空也；求事于寻访，考诸用爻；求事于货利，考诸财象，盖耑于事而不耑于出行也。

于是求事，而筮方隅之利者，则察子孙当生旺之方。出行而筮趋避之时者，则避官鬼当日月之期。

于是而筮遇风，则察兄弟，克世则逆，生世则顺，实而大，强而狂，弱而小，虚而息也；夫日，天也，日生则天顺，兄克则风逆。筮有风不戒乎，则察鬼象，动有覆舟之祸，静无折帆之殃，而世爻生旺者无咎。

顺逆务于弟兄而日参之，兄生日克，其风横顺，兄克日生，其风横逆。

于是而筮关隘，亦察鬼爻，应克世者，定多阻隔，官克世者，必犯羁征；子旺官空，游行如意，越境贩挟，皆同此占。

于是而筮旅寓之安，世坏疾生，鬼动寇至；世身生旺，即次之宁，龙福合扶，遭逢之庆。

行人章第七十七①

行者未还，卜筮偕至，亲用六亲，疏用应象，用爻无病而来归，用爻克世而速至，此其大象也。若用逢空破散绝，不特归期杳然，亦主行人灾病；若别见无伤之用，则从无伤断之。

用爻遇此四者，行人必阻，若他爻飞伏之间，别有用神得令，亦可言归。如戌建癸酉日，占弟兄得夬，三爻兄弟月破，因有阻事，而未爻兄弟无病，后遇丁丑，冲动未爻，其弟乃还。又如子建庚寅日，妻占夫得困之兑，午官空破，应夫未还，然巳官伏寅下长生于日，独发足爻，是日乃至。故别有用爻在飞伏间，亦可取验。

故用逢暗动，而乡心发矣，用值交重，而舟车发矣，动临日月，是日月当返矣；动化退神，班马而不进，动化进神，望云而疾驰；静逢合有结伴之还，动逢合有攀辕之阻；冲化冲者，心改易于别途，游魂化游魂者，志徘徊于他国也。

如概筮归期，先求用象无伤，世克用而未来，用克世而速至，比和云缓，相生云迟；用虚以实至，破以补至，绝以生至，无以有至，衰以旺至也。

已建己酉日，概占仆来何辰，得剥之旅，世生用不能即到，卯财发动，寅财旬空，后及甲寅日乃至，是空以实来也。辰建甲辰日，占弟兄得大有，世生用主来迟，后应乙卯日到，乃静以冲来也。辰建戊寅日，占弟兄得困，用克世当速，然酉爻旬空，当应申酉日到，然而次日乙卯，冲实用神，是辰乃至，此又以生克辨迟速也。

用之动者，三合而来，用之暗兴，六合而返，用处静者，遇冲而旋，用之墓者，得开而晤也。地发，彼方就道，足发，当日

---

① 内详旅约、途会、安危、存亡、利钝、音信诸问。

乃还，门户动，此处逢迎也。动速静迟，古今之大义，冲疏合亲，卜筮之常理，游魂出，归魂入，卦爻之定象也。卦身合月合日，是懽迎之会，卦爻独发独静，亦突见之期。

凡得归象，先要用爻无病则验。不拘旅卜家卜，凡归人则准归魂，游人则准游魂。独发者，如坤之复，未日行人乃至，独静者，如巽之噬嗑，卯日行人乃至，若临用神，更为验占。

如限期而筮，或以年，或以月，或以旬，或以日，世克用而迟，世用相生而缓，世应比和、用克世而速也。限期之筮，神告尤亲。

限期而占，用神破空散绝则不至，世克用则不至。用神坚固，然后以克世为速，比和次之，半限可至；用生世则次之，世生用又次之，及限方来。

行旅之约，应坏而爽信也，惟不空不散、不破不绝，必如期而至。问迟速，则如行人之断焉。中途之会，六冲而不见也；应空不信，纵信而殊途；世空不待，纵待而背路。如卜日时来，以实应为法，见以实世为法，卦身合时为法。

以六冲世应空为戒，世应不病，则卦身合日相遇，世应病，则实世应之日相遇。

盖筮行者之来否，则以虚实言，行者之迟速，则以生克言，行者之安危，则以用象言，而官鬼为之胜也。随鬼反伏墓绝，旅人之凶兆也，各以用象定之。水鬼动者，风浪惊心，金鬼发者，兵戈夺气，火为飞延之事，木为舟楫之累，土为步担之欺、济用之阻也。元武细人也，螣蛇匪朋也，青龙良伴也，白虎为灾，勾陈为阻，朱雀为非也。

用化鬼者，恐涉于非径，鬼化用者，恐陷于泥途。兑鬼咸池，乐酒色而忘返，坎官驿马，飘江海而难归；乾鬼惑于琳宫，巽官耽于逐利，离淹市井，震病舟舆，坤艮阻山野之象也。

若筮久客之存亡，专用而不专鬼也。用神存则存，用神亡则亡，存谓有本，亡谓无根，三忌果真，乃作他乡之鬼。

犯三忌则亡，一曰命墓，二曰反伏墓绝，三曰空破绝散是也。

筮行者在是地乎，求用爻之有也，动则他趋，空则别处，散犹空，冲犹动也。行者仕乎，官旺则仕，官空未仕也。行者娶乎，财现则娶，用病未婚也。行者得利乎，喜财神之旺也。行者他适乎，忌用象之囚也，受阻不他如，受病不更往。曾有遇乎，六冲不遂其求，用空不称其志也。

如筮音信，专察父爻，父病无画，旺动将至，受冲被拆，化空乃遗；并于朱雀则速，并于勾陈则迟，并于青龙则吉，并于白虎则凶，螣蛇为泛愕之词，元武为幽秘之语。占彼寄书乎，先用而后父，用殆不书，父虚无信。书寄有财乎，先用而后财，用空无寄，财空无物也。信之有无，以空以动，书之到日，以合以生。

大凡行者之吉凶，疏以应象，亲以用象。行者之得失，得以用爻，求以事爻。

舟车章第七十八①

舟车致远，筮有戒心，故欲其有利，先求无患。凡舟车之误、灾疾之扰、盗贼之虞，莫不以鬼动为戒，助伤世病，不宜自身之适，命墓用坏，岂利他人之行。

先忌鬼兴，次察用象。

木鬼交重，弗恃舟车之利，午官发动，无乐驴马之驰。跌也，折煞并之而兴；劫也，贼武因之而动；争也，朱雀与之而翔；惊也，螣蛇同之而张。惟官鬼安宁，用神旺相，则舟车骤马，所适而安。

———————————

① 内详雇觅夫占及舟楫宜忌。

释鬼动之义，纵鬼动青龙，恐致祸于旅舍，鬼动勾陈，恐遇阻于道途，鬼动白虎，恐受惊于兵革也。

故觅舟车，世空父坏则少，觅骡马，世空子坏则难。舟车完善欤，父坏而敝，骡马壮健欤，子旺而良。卜舟车之来载，应坏父破则无期，卜骡成之来迎，应动子兴而疾至。

舟车属父，骡马驴属子，应为舟子仆夫，旺良衰敝，静迟动速。

若舟子仆夫之筮，官差用官，私催用应，最宜生世旺财，岂宜克身应陷。如筮水陆平安，亦唯凭官福动静。

关津留难，官差搔扰，盗贼窃发，均察鬼爻，衰静则无事。

大抵所乘之利钝，考父母与子孙，所历之安危，察用神与官鬼二者而已。

此宦游作客，舟子仆夫，所同占也。

唯舟楫之用广，则加详焉。父母，船体也，兄弟，船之跳篙也，妻财，船之物用也，官鬼，船之魔倒也，子孙，船之辅从也。自初至上，船之假落也。世，船之主也，应，船之宰也，间，船之役也，皆不可并于鬼而动焉，亦不可从于鬼而化焉，犯则征凶。

此言六亲、六位、世应、间爻之象，并于鬼动，是何爻神，即为有忌，从于鬼化，是何象位，即为有灾。

火鬼有红光之患，水鬼有白浪之殃，金鬼触崚嶒之石，病在钉锚，木鬼犯家堂之神，疾在蓬橹，土鬼搁壅浅之河，患在灰泥也。

此言五行临鬼发如此。

朱雀前神也，司之于头，有词讼则飞，元武后神也，司之于尾，有盗贼则摆；风从虎，司之于帆，有灾祸而后动，云从龙，司之于舵，有喜庆而后扬；腾蛇绳索，报惊恐之灾祥，勾陈房仓，兆迟留之得失。

此言六神临鬼发如此。

附舟寄货，以应为用，克世则侵渔多费，六冲有半道之变，应坏无一力之倚，君子避之。

附舟类交与，忌应病克世。

是以买舟而居，犹占宅也，船主用人，犹雇倩也，役夫投船，犹事人也，投庵荫庇，犹公役也，防犯差役，犹避讼也，问何鬼神，犹求祟也。

各推其类断而断。

考魇倒以官鬼当临之处，求趋避以官鬼当月之期，越江海慎坎艮之戒，而称利涉矣。

官鬼在六，其魇在头，官鬼在初，其魇在稍，官鬼在间，其魇在中，三四爻亦中仓也，官鬼当日，安以危戒，子孙当日，险以彝戒，唯艮坎二义，江海大凶。

治筑章第七十九①

横流之害，古传所纪，故防河而治筑，同于防患，不泥水象，专察官爻。故鬼旺、鬼克、鬼动、随墓、助伤，筮水患则未决当决，已决未息也；筮堤防，则未成难筑，已成当溃也。

故堤岸之筮，父母为用，旺相则固，空破则倾。经始而何时成功，喜实世实父之期。刻期而筮是时成功，忌六冲世空父坏之象，此其概也。若大官奉敕、小官奉命、吏民奉差，官爻不可病，并冲克世位。

若官吏因河工而筮利钝，则反以官为重，官旺世实则纪录升荐，官伤世空，及随墓助伤，则罪戾降责。

若民夫苦役而筮吉凶，则以官为忌，吐动克世，劳苦无期，命墓助伤，忧虞不测。

---

① 内详杂修及差委雇工。

故凡修塘、修坪、修闸、修坽及治路、治水、兴营城堡者，皆以父为用爻，世实父旺面成。如忧妨犯，及苦徭役者，皆以鬼为忌象，旺动克世，及随助而凶。凡筮差委雇工，皆以应为用，应旺实则有成，克世则无良，六冲则难成也。

捕逃章第八十[①]

女子小人，古称难养，若其盗逃，同于叛主，法所难宽也。捕逃之占，唯世克应则易获，应空则深渊之逃，应克世则负嵎之逝，六冲则交臂而失，世空则裹足不前，此四者，未知能获也。

六冲、世空、应空，及应克世，四者如一不犯，则可擒矣。

逃人悖内而向外也，故以外卦为所逃之方。坎水为外，则在北方，或江河之侧、渔父之家、盗贼之林；离火在外，则在南方，或炉冶之傍、市肆之中，文学艺术之舆。震于树木舟船车舆砍伐之属，巽于花园薪草桑麻妇女之类，艮是山巅严石樵猎之所依，兑以池沼庵尼酒食之所赖。乾为寺庙都下城垣之近，驴马驱驰，坤为社稷坟墓郊野田园之迩，耕牧追随也。

此言八卦居外之象，言之所传者浅，象之所示者深，然因其象而测之，亦难执一也。如子建辛丑日，有占婢逃得节，外坎宜匿水侧酒家，而不知已堕于井。如巳建甲辰日，卜子亡得泰，外坤宜藏寡妇之室，而不知相遇于岳家。夫井，水也，岳家，亦外姻也，其可实指乎？然亦不离其象尔。学易者，当以己之灵机，而深研极索也。

盖六爻静而求外卦，一爻动而求独发，言逃人之心，成谋于是也。故官鬼动而投士宦，子孙动而投僧道，妻财动而投妇女，或傭于商贾，兄弟动而党闲游，或逐行伍，父母动而栖技艺，或附舟车；青龙迹于良善书礼喜庆之家，朱雀践于优伶字画闹谊之

---

① 内详遁地、成捕、人诱、同游、不遗、讼逃、许觅、责人、丧节、反噬、私害、将逃、逃安、存亡、为僧、求名、自归、恩抚十八问。

次，腾蛇乐于赌博浮荡跳梁之场，白虎匿于屠宰哀丧行伍之内，元武迷于盗贼酒食花柳之门，勾陈藏于乡庄坟墓之间，及脩砌穿凿之群，而进退傍徨、淹留恐惧，卜捕叛，则触公差也。

此以独发之爻为方，临于六亲、六神之象如此。盖元武之神，利逃不利捕，勾陈之将，利捕不利逃，故曰触见公差。

盖乱动而求用爻之在何宫，杂用而求用爻之在何卦，用伏而求飞，用二而求亲，伏无而求应也。

自占外卦以下，皆陈逃人之方，设如卦爻乱动，当求用爻居于何宫，在乾以乾断，在坤以坤断，若用神杂于爻神乱动，当求用神化入何宫，化坎以坎断，化离以离断也。苟或乱动而卦爻无用神，当求所伏用爻之上飞神之方是也，倘或伏无用爻，然后以应象占其所居之宫，在震巽则以震巽断，在艮兑则以艮兑断是也。其有用爻两现，一用动则以其所化之宫，两用皆动皆静，则以其出现为亲伏藏为疏也，偶皆伏藏，则以外卦之用占方，庶几乎得有归一之法。

世亡应逃，内亡外逃，盖不可主而可兼也。亲人之逃，专之于用，他人之逃，专之于应，故父子兄弟夫妇男女以亲合，虽悖亲而务用，友朋师徒奴仆邻交以义合，已背义而务应，不可惑也。

传云：世为亡兮应为失，外为逃失内为亡。所以宜世克应、内克外也，然亦非主断，如世克应而应空，其何从而得获也？常占主仆之讼，用世应而验，则友朋以下，用应可推。

间有遇诸于途者，六冲是也；间有不意而擒者，六合是也；间有自还者，归魂是也；间有去久而来者，化合是也；间有来而复去者，化冲是也；游而归者心收，归而游者志荡。然亦必其用神不克世、不空亡，而后可也。

用实生世，终有会期，用爻克世，卒无见日。

卜遁此地，专索用爻，用如动冲，则非留于是处，用若空破，则未及于是方，弗往求之。占成捕何时，世生应克之期，若六亲之逃而归，则反以用神生旺而现，世爻旺合而见，卦身合而遇也。盖我仇，用败，我亲，用旺，不同论也。

为仇恶于己，则俟彼败之时而可获，故喜应克；为亲于我，则求用神生旺，与世身相合而来也。

是人诱与，应克世而被诱也，彼同游与，应用备而比行也。

即应克世，而空破散绝亦非，应用一病亦非，如卯建丙辰日，占仆与友同行，得否，卯财持世，戌应暗兴，后果同行都下。

盗逃不遗，财爻失所而不可复有也。讼逃有益，官鬼莫无，盖空散不为我而遵求，破绝不终事而停息，随墓助伤，及官克世者，犹抱薪而救火也；非是，然后以捕逃之法断焉。

详见词讼篇内，关犯章断。

许为我觅，则以应象虚实言之。若责人觅逃，则用捕逃之法。

责成是人寻还逃者，戒世应空、应克世，及六冲也。

妇逃丧节与，财实未苟也。不群匪党而反噬与，随墓助伤、官克鬼动，后必罹其害也。不生私害与，助鬼伤身，及应克世者，卒有犯上弒长之逆也。未逃而筮其将逃与，用克世而萌叛心，用空破而无实事。

专问其将逃，忌用实克世，则逃，用空破不成，若兼问挽留为益，又喜用实。

亲人逃而安乎，命墓鬼动，有穷途日墓之忧，用实卦安，有即次无虞之好；卜其存亡，独以用神生坏而断也。为僧道乎，用病而无成。求名利乎，用实而有得。

不寻自归者，用坏而忘归，用克世而终身之叛也。逃归复留，同于收雇，回心恩抚，同于用人。

用爻克世，叛恨不归，用象破空，飘流难返，惟用实生世，终得自来，复留恩抚，忌三冲财坏。

故捕逃者，以世克应为主，以世生应克之期而得。捕盗者，以子克官为法，以子孙当日月之期而获。盖逃以应为象，盗以鬼为象，此次辨也。

斗胜章第八十一^①

私斗角胜，善良所戒，或不得已而应之。彼我之势，止凭世应，不从六亲。

世己应人，胜负察世应强弱而已，事至讼斗，骨肉如仇雠，即六亲皆用世应。

应克世而逢败，彼胜而折，世克应而逢败，我胜而亏，应生世而人伏，世生应而己降，比和两释，出师一理。

败谓空破散绝及受日月克制。

斗而涉讼乎，鬼爻是司。斗而有获乎，财爻以辩。斗以夺人，应克难归。斗以擒人，用现可得。

筮彼来斗乎，应空应破而不前。占何日利斗乎，世生应克而得胜。

应发五而要于路，应发三而斗于门。

应动何爻，则从此地相击，初为乡党，六为郊野，二为庭内，四为户外也。

动坎而斗于泽畔，动离而斗于市井，乾兑寺庙，坤艮山野，震巽林木之下；元武暗刺，朱雀明诤，青龙笑刀之谋，白虎怒戈之取，勾结其怨，蛇连其党；子孙有少助，父母有老随，兄以群队，财以妇女，鬼以法术之诈。兵者，不得已而用，况于乡邻之斗乎？筮者慎之。

---

① 内详斗讼、斗获、夺人、擒人、来斗诸问。

词讼章第八十二①

人有窒于中，因忿而讼，讼则受命于上，故以官爻生克为胜负，不以世应强弱分曲折焉。官来生世，易雪我冤，鬼来克世，难伸我屈，不生不克，无辱无荣。然我讼而喜官旺相，忌值破空，彼讼而好鬼破空，恶居旺相，亦以生克参之也。

胜负专察官爻，莫执世应。结讼分彼己，则官爻分喜忌，然生世衰旺俱吉，克世衰旺俱凶。

先发者，不忧官之在世，而喜官之在应；后发者，不喜官之在应，而忧官之在世，相生尤吉，相克愈凶，此世应之辨生克也。

以世应生克分胜负者，此则论之，如世爻值鬼，本不为胜，若克应爻，是官为我而责彼乃吉；应爻坐鬼，理应我赢，倘克世位，是官悦彼而攘己乃凶。总言生克，先官鬼而后世应也。

官鬼生应，彼得理也，官鬼克应，彼失利也，官鬼空散，讼不成也，官鬼破绝，词不终也，官生世应，两宥之宽，官克世应，两败之辱也。

先论官爻生世克世，此言生应克应，胜负明矣。

鬼位三传，事干台宪，官兴二间，情属牵连。长生为经年之讼，帝旺乃折狱之期。动鬼变鬼，而权案更三，上官下官，而衙门非一。摇于世应，而忿志未休，伏于主宾，而领根不息。化进神者，下而上，小而大也，化退神者，急而缓，重而轻也。

此章专言官鬼，若官在年月日之上，其讼或干三法及上司；官在间爻发动，恐囚牵连，或傍观相累。官爻倘遇日月长生，则事必经年屡月，临官帝旺，即得三尺剖断，旬空月破，则终两姓交和。鬼动化鬼，非一官审

① 内详审期、终讼、兴词、忧讼、讼师、用人、允驳、回关、遏讼、请卷、夤缘、禁责、离狱、息讼、杂问、五事、官问二事。

问，官复见官，是叠举讼词。官动应爻，彼有再控之心，官动世爻，我有重告之志。鬼伏世应动爻生扶之下，则讼根未断，惟灭没之伏，则无兴也。

大壮为得理，明夷为禁，坎为狱，无问生克，占讼之忌也。六冲曰战斗，得官空而冰释，六合曰处和，见官旺而株牵也。

三卦为讼宜忌。官空六冲，反易散息，官旺六合，反难调停，盖先官鬼而后冲合也，即合冲变冲同义。

随官入墓为囹圄桎梏之刑，助鬼伤身乃罪罚鞭笞之辱，二者与官鬼克世，凡有干于公门之役者皆忌也。

不特词讼，凡事干衙门官长，悉忌此三者。

骨肉忿争，主仆僭逆，六亲之谊已绝，故从应不从亲。然既讼于官，亦先论官而后论应。

有云骨肉相讼，止占世应，然既讼于官，则胜负又系于官，不系于应。

夫子孙为解释之神，喜其持世，则刑罚何加，罗网自脱，当于交重，罪罚蠲除，当于日月，冤情昭雪，孰比其吉焉。父母为词状关提之用，不可坏，坏则不从，不可再，再则不一，不可破，破则无始，不可空，空则无终，我举宜动，彼举宜静。妻财为贿赂之神，喜其持世，则情夺理而居胜，惟动有行贿之费。弟兄为党证干连之象，独发而多费，问发而多人，持世则干众，动应则鼓谋，克世则有私击之虞，傍摇有公举之论，是象一无益于讼，不现何伤。独官鬼为狱讼之用神也，是非曲直与夺胜负总司之，小大之狱，皆生吉而克凶，不可忽也。是故六神，因官生克而别喜怒，诸星亦因官生克而辨吉凶，皆不可离于是矣。

此言六亲之象，各有所司，大批子财持世而吉，官鬼独重。凡六神诸星，非以动为凶也，若临官鬼发动，然后形其凶吉，其来生世，虽凶弗凶，如白虎腾蛇、天牛地狱皆不为忌；其来克世，则朱雀为申详，勾陈为囹圄，白虎为杖责，腾蛇为枷锁，青龙为罚赎之善，元武为详判之重，天狱为囹圄之厄，驿马为流徒之愆，羊刃为刺配之属。

是故世应察彼己之情，亦不可真而弗论也。应空彼不欲诤，或将遁也，世空我不好竞，或怀怯也。官克应而应空，如荷弓而射鱼，官生世而世空，如操筍而搏狸。应破彼有天殃之降，世破我忧人疾之缠。求衰旺则强弱可称，考生克则刚柔可较，其为用如此，此其大象也。

官克应当应彼输，然应空彼避其锋，官生世当应我赢，然世空我失其机。应若月破，彼必有他祸相报，世如月破，我有别事之累。旺为疆，衰为弱，以力言之，应克世为彼刚，世生应为我柔，惟世克应、应生世则反之，所谓世应为用如此。

何日断狱，当于日月之官。何时终讼，当于墓绝之鬼。利胜何日，则以世生应克为良，释免何时，则以子孙填值为宥。

以官长生为讼始，临官帝旺为审决，死墓绝为散讼时也。凡问见官何日为胜，则以世爻逢生、应爻遇克为胜，世爻遇克、应爻逢生为不胜。欲官释免，则以子孙填值之日、官鬼制伏之辰，定能赦宥。

有问兴词胜负吉凶，亦属于官。兴词准行，喜官动实而恶其破空也，官克世者，控告无门，父爻空破，批行失意。忧讼来侵，占同防戒，惟官不作，及不克世，弗遇随助，何患相加，纵应克世，有谋亦已也。

问准词，官爻空破散绝，及克世不准，执行不论文书。若上告批下衙门，父母如遇空破，虽官鬼动实，纵准而不批是衙门也。如告亲提，官克世为不从，或有两官，常有批下僚者。

讼师美恶，询诸父母，日月旺相，善移生死之文，发动生扶，能转是非之笔；若值破空，安能取胜，随助官克，乃以自戕。干证保歇，趋使抱告，皆以应爻为用，克世为忌，破绝不忠，空散不力，六冲生背叛之心，而随助官伤，反为我害。

讼师用文书，奔走用应，应视其有用，故不可破空，无欺为良，故不可克世，一心为美，故不可六冲，用于公所取胜，故不可随墓助伤、官克世尔。

招详允乎，官病不允，官动不纳，六冲上下不信，乌能允乎。招详能驳乎，官克世而不从驳，破绝则已，空散则消，乌能驳乎。惟官动实，则驳矣，复部允驳，亦犹是也，复疏允驳，易官用五也。

此就筮者之意为断，复疏，则以五爻为用，如上占法。

住提回关停词逼讼，喜官之无，而恶官之有也，鬼发则不能停逼，鬼克则不能住回，惟子动而鬼静，则受无事之福矣。鼠牙复举，祗缘助鬼伤身，株蔓重牵，端恶随官入墓，不可不戒也。

大抵以官鬼安静破空为吉，发动克世为凶。

请卷者，文书为用也。上下请提，破绝不允请，空散不从提，制爻克世，提请俱违。

请提文卷，皆系父母，考其虚实以定吉凶，复以官爻不克世，及无破空，方得顺尔请提。

夤缘嘱托，意在听从，六冲则逆其意，而或见嗔，官克则逆其耳，而或有欲，若空若破，无力无功，如旺如生，有情有意。如托私人，应不可坏，不可六冲，克世有损无成，若问官倩，亦同前断。

问官从否看官象，问人可托看应象，俱忌克世六冲。

忧禁忧责，官旺动而克世为难免。离狱息讼，皆忌官爻克世，息讼官不可动，离狱官不可无，求六亲离狱，则兼用无伤。

离狱鬼坏鬼空，亦不能出。求六亲，兼看六亲生旺则出。

远关人犯，事系于官，而亦兼捕逃也。

关犯若官克鬼坏，为彼地官吏不我用情，六冲世应空，及应克世，其犯难捕，皆不能来。

伸讼夺婚，亦系于官，而兼防夺婚也。

索婚官克鬼坏，公论不允，应克世为彼夺去，财坏不能归来，俱莫能成就。

以讼取财，仗官为力，而兼用索道也。

取财官克鬼坏，官不相为也，即为矣，若财坏亦难求。

力绵扳役，仗官为力，而兼用彼助也。

扳役官克鬼坏，官不听也，即听矣，若应克世及应空财坏，则亦莫能助我。

招雪复名，仗官为力，而兼用我得也，所以用爻相兼为法者，有是五也。

复缺，官克鬼克，官不从也，即从矣，如遇世空则莫亦能复。

大罪不死，在用神之旺相，大害不绝，在主象之生扶。若行险陷人，鬼神所怒，虽鬼静爻安，当直告其凶。

或有既定重罪，占其生死，刑定不复论官，专看用神，有救无事。六亲困狱，防有欲害者，若主象生扶，大数未尽，奚能害哉。或占行险陷人，以官鬼发动克世为戒，倘有卜者，当直言其凶，虽得鬼静，或天夺其鉴，而故益其疾，必致大祸，占者宁不戒之。

居官缘事，占官占讼二分，在宦忧议，部覆部议一理，伸诉里甲，私评用应，涉讼用官也。

凡有当仕心怀事累，占法有二：一曰无累官乎，则官旺世实为吉；一曰不累我乎，则官克鬼动为凶。或占有事及部，问曰部议重轻，则官克鬼动为忌；问曰部议与官无害，则以官旺世实为喜，复疏亦然。斯二者常或相背，当详其问神之旨，祝云为官，祝云为累，其吉凶乃定矣。伸里甲，一谓其公处，故应克世有曲，应坏无断，六冲不终；一谓其成讼，故官克鬼动，定干有司，二者亦随其占而断也。

大凡讼内之用爻，莫离于官鬼，官鬼之取舍，则因事而求之。是故行喜动，止喜静，避喜空，解喜衰，息喜绝也。求为我力，则不可无，忧为我难，则不可有，事事恶其伤己，一一好其生世，以像形事，以事配义，吉凶得矣。然健讼破家，不可长也，易曰不永所事，圣人之戒深矣。

词讼同用官爻，而有喜忌之分，明于事义，而吉凶不爽矣。然三褫其服，众讼成师，不祥之气，由此而长也，占者戒之。

失物章第八十三①

失物之占，各以用象，货物用财，禽兽用子，舟车衣服用父母，仪像用官鬼，此用象当分也。

失物各以用爻像之，或衣服匿珍宝于中，则用财不用父，又当以轻重权之，馀以类推。

筮盗者，则察鬼象，伏鬼为隐贼，动鬼为明贼，阳男阴女，内为内而外为外也，暗动暗人而明出，旺多衰少，完巧而缺拙也，内外鬼而连结，贞悔鬼而交通。

贞悔，指世应也。凡遇世应内外之鬼，有连结交通之谋。

以五行之属，而度其情形。

金鬼乃穿凿添拆而入，木鬼乃锄掘钻缩而进，火鬼乃飞腾跳跃而来，水鬼乃隐伏暗昧而至，土鬼乃杂酒筵匿池塘而偷也。

以八宫之鬼，而别其方隅。

动于何宫，则以何方来也，暗动亦然。如鬼爻安静，则水鬼为北，火鬼为南，两鬼论外，伏鬼论飞方也。鬼生之方，则窝赃之处，财伏何地，是藏物之所。

以六神之司，而别其状貌。

青龙为少俊，白虎为狂勇，朱雀为巧辨之夫，元武为计谋之贼，勾陈似端笃而不良，螣蛇竟虚浮而不实，踪迹莫可测也。

何时覆露，鬼爻败绝之期。何日见获，财爻生旺之辰也。物匿何处，审其方也，用伏而察飞爻，用飞而察亲宫，用悔而察贞爻，用二而察主爻也。

财伏论飞神之方，财现论本宫之方，变财论动爻之方，两财论世爻、卦身、世身、内卦为主爻。飞伏变象无财，是无踪也，何复方其方哉。

① 内详覆露、见获、是彼、是我、起赃、讼盗诸问。

分其所也，用在初爻地与井，用在上爻坟与野，二索于灶，三索于房。四索于门，五索于道，在应索闺阁之中，在世索近身之器，在内索内，在外索外也。

财爻出现安静，然后以世应内外及六爻考之。

化父变父，及飞是父者，当觅以箧柜，是财者，当觅以货物，是兄者，当觅以墙垣，是子者，当觅以香火，是子者，当觅以廊厢庵寺之所也。

此必以用伏之飞、用化之爻、化用之象则论，其他则否也。

是彼盗与，应克世而是盗。是我遗与，世受衰敝而自遗也。

应不克世，非此人也，世不受损，非干我也。

起赃擒盗，子旺有制，鬼动为凶，助伤官克随墓，则贼横而反噬也。讼官索物，务用其鬼，生世而理，官病财空官克世，则徒劳而自辱也。大易慢藏有戒，击析致严，君子贵先事而慎也。

擒盗喜子旺克鬼，讼盗喜官实财旺，反是而凶。

校正全本易冒卷之十

神听章第八十四^①

怨毒于人甚矣，不能伸于人，而求伸于神，亦人情之常也。鬼神之告，专用官爻。官克应者，将行罚恶之诛，官克世者，不受不臣之诉，随官入墓，戢火自焚，助鬼伤身，倒戈自灭，是以神聪不我聪，为空散故，神明不我明，为破绝故，非神听之或违，多肤愬之不实。

报之速者，六九也，报之迟者，七八也，报之暗者，冲击也，报之轻者，休囚也。应受月破，天将亡之，应受旬空，神夺其魄，应受散绝，恶贯之盈，应随鬼墓，天网之密。

应遭克破受其罚，鬼临生旺是其期。

筮彼咒诅，犹避祸之占也，鬼动神怒，官克害成，随墓助伤，而天亡我。惟子孙旺而官鬼衰，则直在我，而神鉴之。

筮誓庙，鬼静乃安，官动克世、随墓助伤，定受背盟之罚。筮防蛊，子世无忧，官动世病、随墓助伤，应遭埋蛊之毒，鬼祸奸人，神无曲庇，筮者审之。

---

① 内详彼报、彼诅、誓神、防蛊诸问。

侍神章第八十五[①]

侍神者，谓安神于家，奉先于庙，以安神灵，而庇人宅。奉而安，犹人事之宁休，奉而感应，犹人事之遂求。

故侍神之筮，大忌三冲鬼动，主神不安，亦嫌克世，主人不宁，空则无降格之诚，破则有怨恫之虑，散绝则精爽难凭，随墓助伤，则灾害并至。

故鬼爻既安，而后征祥，福兴而人丁盛，财旺而积贮饶，临禄贵而有官爵之庆。

鬼爻不安，即以致戾，白虎动而病丧，腾蛇动而惊扰，雀武动而有讼盗之虞也。

世空缺我躬之礼，应空疏人事之虔，内外官，而有人己之圣像，变伏鬼，而有新旧之神仪，游魂自此迁彼，归魂自彼迁此也。

犹有六爻克鬼，仆役慢神，鬼生二爻，神祐妻妇也。欲其神之神者，莫神于克诚，欲其先之安者，莫安于克孝。

推之停棺厝柩，必求其亡魄之安，亦以官鬼为用。是以卦象三冲，则死者不宁，而生者不福；鬼动亡魄摇而人心荡，克世福机息而祸兆萌，空则先灵不欲，破则先灵不悦，散则先灵不集于是也。惟卦合官静，始为尽善，若随墓助伤，乃为大凶。

举殡何如，不戒冲也，惟以亡灵之悦，故弗宜克世鬼动，年命顺利，故弗宜随墓助伤。故鬼病虽财神福神，动而不吉，鬼安，虽父兄忌象，动而不凶也。故未奉而筮当奉，已奉而筮当撤，亦犹是也。

举殡出宅，是离其亲，故冲不戒，出而安，父兄动不凶，出而不安，

---

① 内详停厝、举殡、奉神、撤像、辨塚、辨骸六问。

财福动不吉。

若迷而筮塚墓骸骨之真伪者，则以六亲之用爻辨，不以官鬼辨也。

师巫章第八十六①

凡延高僧忏诵道术禳灾，下至巫祝之用，所占无指，则用子象，所占有指，皆察应爻。空破散绝，则浮伪难亲，生扶安旺，则真诚可仗；进勤而退怠，动则心多往来。

故应临父母则道高，临子孙则德备，临财而具威仪，临官而格鬼神，临兄弟而左右助法；临龙善而虎恶，勾重而蛇轻，雀辨而武讷；上卦为高，下卦为卑，喜其庇身，岂宜克也。

卜曰明神降乎，鬼空则不降，鬼破则不喜，鬼散则不留，鬼动则鉴，鬼克则罚，随墓助伤则祸也，惟鬼静为善。

卜其为祟乎，鬼动则是。卜其是是鬼乎，空破散绝则非。

求神邀福，子象旺而福来。求神祐病，用爻旺而病去。祈寿祈名，祈财祈子，各以用爻而推。

夫卜道行之真系于应象，察鬼神之应，系于官爻。

淫祀谄神，有道所戒，况妖巫鬼史，妄言祸福哉，君子慎之。

机兆章第八十七②

祸福之来，机必先兆，或征于梦寐，或见于物变，筮之者，莫不以子孙为福，官鬼为祸。然吉凶悔吝生乎动，鬼动而祸随，

① 内详神降、卜祟、卜鬼、求福诸问。
② 内详何怪、驱置、怪息、有妖、是怪五问。

若空散则非真，破绝则无害；若动，虽破亦凶，若随助，虽静亦凶，若旺相犹动，若克世犹动，而终不及动也。

以随助、鬼动为首戒，鬼克鬼旺次之，而鬼遇空散绝，或怪或梦，皆不成凶也。

然则动其凶乎，主何应也，青龙为哀乐之计，朱雀为词讼之牵，白虎为丁口之丧，元武为盗贼之警，勾陈为土田之祸、坟墓之干，腾蛇为连累之殃、惊忧之恐。木因树艺而机灾，金缘刀斧而生疾，火有焚烧之难，水为波浪之沉，土有瘟疫之胜也。以八宫而分所避之方，以诸星而分所趋之事。

乾兑不可以西行，震巽不可以东去，坎离蒙水火之厄，坤艮招产业之非也。驿成不可以途行，咸池不可以女色，天喜戒游婚娶之家，丧门忌投缟素之室，天狱鬼动，猝防刑狱之殃，地贼官兴，忽犯穿窬之盗，浴盆忧损婴儿，丧车虑妨骨肉也，其他类推。

以六亲而分所属之迤，是以化父母，而堂上少康，变妻财，而闺中多故，入子孙，而丁幼疮痍，之兄弟，而门稽琐括，化官鬼，而灾祸相乘也。持世，祸由己召，临应，患自人招，游魂不可出，归魂不可入，内为内祸，外为外殃。

八宫诸星六亲由鬼动而言。

其应祥也，父母贵人动，主进文章，子孙青龙动，主进金帛，妻财天喜动，主进臣妾，兄弟六合动，主得良朋也。

若鬼爻静休，遇有此动，始征其祥。

独点何怪，则用鬼爻，阳为物怪，阴为鬼怪。鬼生何方，从斯现也，鬼属何支，从斯象也，鬼属何神，从斯物也，鬼化化鬼，从斯类也，而吉凶不属焉。

凡问是何怪，此则不占怪爻，当占鬼象，若鬼属阳，于象有形为物怪，乃精妖也；若鬼属阴，于象无形为鬼怪，乃障孽也。如金鬼长生在巳，或起东南，或从土出，木鬼或出没自水，水鬼或搬弄其金，火鬼其怪属火，或常显红光，土鬼其怪属土，或常飞沙石；鬼居龙蛇，常如龙蛇变化，鬼居朱雀，空虚若有声，鬼居勾陈，墙垣若有人，白虎血光，元武秽气也。父母化鬼，先灵不安，鬼化父母，樑栋不吉，子孙变化，儿童之鬼‘禽兽之精，妻财变化，臣妾之亡、宝藏之祟，兄弟为壁堵匿妖，官鬼为香火怀怒也，其吉凶弗系于此。

驱之何如，官动鬼旺克世，不可驱也。置之何如，鬼静无克，置之可也。何时怪息，鬼墓绝之期也。此室有妖乎、有鬼乎，鬼虚则无，鬼实则有，随墓助伤则害人，官动鬼克则暴厉也，筮是妖是鬼，亦同此占。

所占不一，皆以鬼辨。

吾闻日明星晦，邪不胜正，占者正心修德，而妖孽自消矣，何惑于怪与梦哉。

戒防章第八十八①

吾闻祸福相倚伏者也，先机之戒，君子所慎，故应为人也，鬼为害也。应克鬼克，殃必作焉，随墓助伤，祸之大者，唯子动而有排难之人，世空而无受祸之地，察其虚实而定之。

以鬼为害，动则害作，旺大衰小，如应克世，及官克世，本为害将切我，若得破空绝散，谓之无实害也，故曰虚实而定。

忧害而有指，则兼应爻，忧害而无指，则专鬼象，出往而忧害，鬼应克世，皆不可往也。

无所指，则不必论应爻，私行苟免，而鬼应俱不可克世也。

概言防害，以鬼为端。以言语音信而产祸者，朱雀之鬼发也；以婚姻淫乐而兆殃者，青龙之鬼发也；勾陈为工巧之由，螣蛇为虚诬之害，元武为真盗之谋，白虎为假命之连也；木鬼者，戒入深林，土鬼者，防立岩墙；金毋往来于行伍，火毋行坐于窑

---

① 内详防讼、防火、防盗、防疫、防毒诸问。

圹，水毋跳跃于舟船也；坎为水难，毋执弓轮，离为火灾，毋食蟹鳖，震有舟车之寇，巽有妇女之奸；乾兑为僧室庵堂，或重宝旨酒而淫心，坤艮为郊埜山林，或以老妪妖童而惑意也。

此专言鬼临六神、五行、八宫如此。

若夫防讼之占，专务官鬼，或云应克世而有讼心，如官爻空，而无主讼也。鬼克谓之讼侵，鬼动谓之讼起。

应克世为挟怨怀仇，若官不克世，鬼爻安静，亦无讼也。

防火、防盗，皆为人之害也，子动则吉，鬼动则凶，然亦必以官鬼为先务也。暗动者，火非天灾，而盗非大寇；动而冲者安，破而动者凶，鬼动而克世者，有焦烂网罗之厄也。始自何方，八卦求之，发于何时，生旺考之，息于何时，墓绝司之。

坎北离南，震东兑西之谓。如火鬼，寅午戌月为生旺，如水鬼，辰巳月为墓绝。

夫忧灾疫之流，世旺鬼安，天灾不及。忧药毒之虑，世实鬼静，则彼计难行。

若占人毒我虚实，则忌应克世、官克世、随墓助伤，则彼欲密谋也。

潜避章第八十九[①]

明哲保身，贤者避地，况涉末流，可不审处。大抵福神得位，则随地桃源；鬼象繁兴，则弥天荆棘。随官入墓，仰干城而雁兔置；助鬼伤身，轻同舟而逢敌国。鬼空鬼散，王道荡平；鬼破鬼休，天心厌乱。故鬼旺而能静，虽崑火已逼，而玉石能全。唯鬼破而动，谓虎煞相随，而豹狼当道，此大象也。

唯大白虎与月破同位，盖官鬼为兵，白虎为煞，故虽月破更兆其凶。

筮何方趋避，专忌鬼方，喜临子地。筮是地避兵，唯以鬼静

---

① 内详避地、兵侵、兵来、避荒、讼避、人害、兵害、谋害诸问。

为良，尤忌世爻化鬼。

忌鬼方，喜子地，如巳午子孙宜南方，申酉官忌西也。世化鬼爻，此地将来恐生不测，若所化之鬼，得空破散绝无事，若卦中无鬼，最为宁静。

兵来侵乎，无鬼元侵，鬼静无害，或随墓，或助伤，或发动克世，如火之燎原，当求早避；若旺相安静，震邻之恐，随助空散，履危而安。兵由是来乎，无鬼无兵，旺多衰少，破或分行，散来复去，动来则速，暗动悄行。

当审其虚实动静生克而断之，盖吉内有凶，凶内有吉，凡筮皆然也。

如因荒而避，则察财爻，避荒投熟，以财旺则可安生，不以官鬼言也。如因讼而避，因盗而避，因罗网而避，因计陷而避，皆以鬼为祸，而子为福也。空与静，正离涂炭之危，动而克，反入虎狼之穴，世空我无受祸之地，子发天有降祐之方，唯助伤随墓者，则莫逃于数也。

鬼忌克世，子喜持世，鬼宜静，子宜动。

避居此地，有人害否，应克世而起谋心，助伤身而陷不测，鬼动而犯群凶，福摇而多善侣。避从是路，有人害否，亦同此占。

二者卦静福兴，所履而安。

有问兵之为何害也，鬼克以属，鬼动以化而言之。盖变父母而毁房屋，变子孙而掳子弟，变妻财而淫妇女，变官鬼而召群凶，变兄弟而斥财货也。火鬼焚烧，水鬼淹溺，金鬼恣杀戮之惨，木鬼扰桑麻之务，土鬼屯山巅之毒。

以鬼居五行之属，化六亲之分而推之。

有问人之生何谋也，以应察其情，以鬼察其害焉。青龙为舟敌之险，朱雀为文巧之辞，白虎以武勇而怯人，元武以淫邪而诱己，螣蛇以邀结，勾陈以牵累也。鬼内内害，鬼外外害。乾鬼以僧害，坎鬼以盗害，兑鬼以酒害，震鬼以杖害，离鬼以火害，艮狗巽鸡，坤将妪为害也。

应得彼情，鬼察我害，以六神临应察其姦，以八卦动鬼见其害，鬼居六爻为郊埜害，五爻为道路害，三四为门户害，初二为邻里害。

道业章第九十①

孔孟之道，以五伦为体，以经世为用，困亨蹇险，有各尽之道，何以筮为。若弃家入道，拔俗修真，爱网难除，至人难遇，自是大丈夫事，岂同流俗人之筮？然道有道缘，业有业障，亦常于筮而得之。

割爱离尘，一念万年，何用筮耶？然所处安危，择师邪正，亦赖圣贤告我。

何名道缘，福神是也。何名业缘，系爻是也，故子孙持世而道成，官鬼交重而障重。而世不可病也，病于破，多疾多灾，修落傍门；病于散绝，自暴自弃，心慵半路；随墓助伤，则身陷泥犁之地。世生世旺，则心开日月之光，此其大象也。

专忌鬼动，及世爻破、散、绝为三戒，世动亦主不宁。

然世空有喜恶之辨也，三冲有宜忌之分也，出家而三冲世空，为超然物外，如孤鹤横空。求道而三冲世空为尘务撄心，如困鱼失水。

卜出世，三冲谓解网，世空谓无挂碍，若卜入道，则空无成也。

何年道成，世临日月之期。何地法隆，世临生合之地，乱动非清修之象，游魂无戒定之心。

道业成身，专凭世位，世病、乱动、游魂俱忌。

刻期取证，指日还丹，世空则无成，六冲则多阻，世病则九仞井井，鬼发则一丈魔高。唯世旺福兴，而丹成悟彻。

---

① 内详择师、传法、主持、纲纪、募缘、法会、斋戒七问。

止问求道，世空、世病、六冲、鬼动为四戒。

故择师，同师占也，父临日月为名师，世空恐吾不能受教。受徒传法，同继嗣也，子逢生旺为法器，命墓恐彼不能传持。

云游同出行，然有访道求利之别，各兼用象。

过此以往，应缘倡道，遂多名利之求矣。住持如占宅也，三冲鬼动而当退。纲纪如筮仕也，世空官坏而无成。募缘同求财也，应空财陷而徒往。法会如设馆也，应空鬼动而多损。

筮持斋戒，专务用神，自占以世为本，用旺鬼静则始终不渝，三冲用坏，则半途改辙。

若筮开斋破戒，当无吉占，世坏鬼动尤凶，戒之而已。

夫金木，释道也，升降，成败也。

西方属金，乃肃杀之地，故以释氏像之，况自西来，当属乾兑申酉，所以金爻及乾兑之宫，福动则吉，鬼动则凶。东方属木，乃化育之所，故以道宗像之，且行东土，当属震巽寅卯，故以木爻及震巽之宫，官动为恶，子动为善也。卦有升降之爻，如八月得升，则世是升爻，八月得泰，则世是降爻，秋分后四阴升而三阳降之由也。世居升爻，可以入圣谓之成，世居降爻，不能越凡谓之败，然无病则吉，有病则凶。

子官，善恶也，父母摇而得典策之誉，兄弟动而犯贪嗔之戒，妻财发而有萦家之心。

子孙动，夙有善根，或因缘福德之隆，或高贤徒众之侍。官鬼动，原有恶孽，或灾障之缠，或调达之扰。父母带吉神动，则我书文后得名誉；带凶神动，主法嗣多聚散也。弟兄吉动，当遇良朋善友，但道风清苦；凶动，常多贪嗔之累。妻财吉动，道供盈馀；凶动，妇女缠绊。

腾蛇尘障不除，勾陈夙缘不断，白虎元武，灾盗之由，朱雀青龙，才名之士，盖必因鬼动而云凶，福动而云吉也。

如朱雀摇鬼为是非，动福为名誉之类。

惟得复咸艮无妄而安宁者，修行之吉占也。孔孟之学，几成功名之捷径，自姚江而后，道风渺然，若有豪杰之士，起继绝学明圣道，亦以此章占之。

四易专释心学，大抵三教必以正心为根，筮修行得此者，不拘福鬼冲合，直言其吉也，然安静如之变动复非尔。圣学无求道者，故道业止详二氏，三教道同占同也。

占诚章第九十一

盖闻易以精义，卜以决疑。理在可见不可见之际，必精晰其动静，而是非以昭；事在可行不可行之间，必专断其吉凶，而趋避以决。是以箕畴有稽疑衍忒之文，河洛著开物成务之训。凡以通其志，定其业也。

设有内蓄邪志，而诡辞以欺神听；躬多隐恶，而怙过以邀鬼谋。是其心术险鄙，自违天祐。宁有聪明正直之圣贤，迺为不肖者，启以侥幸之门，导之行险之路哉！

所以《春秋》书，南蒯将叛，占得坤之六五"黄裳元吉"。子服惠伯曰："忠信之事则可，不然必败。"后蒯果败，此内蓄邪谋也。穆姜徙居东宫，筮遇艮之随"元亨利贞"。穆姜曰："有四德者，随而无咎。我则取恶，能无咎乎？"后姜果薨，此躬多隐恶也。故筮者必正其志，志正而降鉴有凭；必直其躬，躬直而祸福无爽。待命罔有疑贰，问事莫以遂成，则问焉而以言授命如响矣。

卜筮之家，当以圣意为心，务勉人于善，而儆人于恶。然博物穷理，不能尽变通微，则妄言祸福，谬断灾祥，非圣人垂训，以前民用之旨也。故有同诚云。

《四库全书总目·易冒十卷》江苏巡抚采进本

　　国朝程良玉撰。良玉字元如，歙县人。是书所论，皆以钱代蓍之法。自序称五岁丧明，究心卜筮，初作筮类五十篇，康熙己卯适楚，遇枯匏老人，得其秘旨，因增定为九十章。然皆术家常论，无他妙旨。至《家宅章》以六爻兼断六亲荣枯得丧，如兄弟旺则劫财，父母旺则克子，官爻旺则灾病，其说谬固难通；所论《鬼神》、《诸星》两章，穿凿支离，尤无理解。《婚姻章》内不根五行生克，不究用神衰旺，惟据卦名之美恶而论，则更乖谬矣。

周易书斋精品书目

书　名	作者	定价	出版社
术藏(全精装六箱共100卷)	谢路军主编	58000.00	燕山
道藏(全精装六箱共60卷)	谢路军主编	48000.00	九州
阳宅三要[宣纸线装一函三册]	[清]赵九峰撰	298.00	华龄
绘图全本鲁班经匠家镜[宣纸线装一函四册]	[周]鲁班著	680.00	华龄
青囊海角经[宣纸线装一函四册]	[晋]郭璞著	680.00	华龄
地理点穴撼龙经[宣纸线装一函三册]	[清]寇宗注	680.00	华龄
秘藏疑龙经大全[宣纸线装一函一册]	[清]寇宗注	280.00	华龄
杨公秘本山法备收[宣纸线装一函一册]	[清]寇宗注	280.00	华龄
地学答问[宣纸线装一函三册]	[清]魏清江撰	680.00	华龄
赖仙原本催官经[宣纸线装一函一册]	[宋]赖布衣撰	280.00	华龄
赖仙催官篇注[宣纸线装一函一册]	[宋]赖布衣撰	280.00	华龄
尹注赖仙催官篇[宣纸线装一函一册]	[宋]赖布衣撰	280.00	华龄
赖仙心印[宣纸线装一函一册]	[宋]赖布衣撰	280.00	华龄
连山[宣纸线装一函一册]	[清]马国翰辑	280.00	华龄
归藏[宣纸线装一函一册]	[清]马国翰辑	280.00	华龄
周易虞氏义笺订[宣纸线装一函六册]	[清]李翊灼校订	1180.00	华龄
周易参同契通真义[宣纸线装一函二册]	[后蜀]彭晓撰	480.00	华龄
御制周易[宣纸线装一函三册]	武英殿影印宋本	680.00	华龄
宋刻周易本义[宣纸线装一函四册]	影印宋刻本	980.00	华龄
易学启蒙[宣纸线装一函二册]	朱熹、蔡元定撰	480.00	华龄
易余[宣纸线装一函二册]	[明]方以智撰	480.00	九州
明抄真本梅花易数[宣纸线装一函三册]	[宋]邵雍撰	480.00	九州
古本皇极经世书[宣纸线装一函三册]	[宋]邵雍撰	980.00	九州
奇门鸣法[宣纸线装一函二册]	[清]龙伏山人撰	680.00	华龄
奇门衍象[宣纸线装一函二册]	[清]龙伏山人撰	480.00	华龄
奇门枢要[宣纸线装一函二册]	[清]龙伏山人撰	480.00	华龄
奇门仙机[宣纸线装一函三册]	王力军校订	298.00	华龄
奇门心法秘纂[宣纸线装一函三册]	王力军校订	298.00	华龄
御定奇门秘诀[宣纸线装一函三册]	[清]湖海居士辑	680.00	华龄
龙伏山人存世文稿[宣纸线装五函十册]	[清]矫子阳撰	2800.00	九州
奇门遁甲鸣法[宣纸线装一函二册]	[清]矫子阳撰	680.00	九州
奇门遁甲衍象[宣纸线装一函二册]	[清]矫子阳撰	480.00	九州
奇门遁甲枢要[宣纸线装一函二册]	[清]矫子阳撰	480.00	九州
遁甲括囊集[宣纸线装一函三册]	[清]矫子阳撰	980.00	九州
增注蒋公古镜歌[宣纸线装一函一册]	[清]矫子阳撰	180.00	九州

书　　　名	作者	定价	出版社
宫藏奇门大全[线装五函二十五册]	郑同校	6800.00	星易
遁甲奇门秘传要旨大全[线装二函十册]	李锵涛校	6800.00	星易
遁甲奇门捷要[宣纸线装一函一册]	李克校	380.00	故宫
奇门遁甲备览[宣纸线装一函二册]	李克校	760.00	故宫
六壬类聚[宣纸线装一函四册]	李克校	1520.00	故宫
订正六壬金口诀[宣纸线装一函六册]	[清]巫国匡辑	1280.00	华龄
六壬神课金口诀[宣纸线装一函三册]	[明]适适子撰	298.00	华龄
改良三命通会[宣纸线装二函六册]	[明]万民英撰	980.00	华龄
增补选择通书玉匣记[宣纸线装一函二册]	[晋]许逊撰	480.00	华龄
增补四库青乌辑要[宣纸线装全 18 函 59 册]	郑同校	11680.00	九州
第 1 种:宅经[宣纸线装 1 册]	[署]黄帝撰	180.00	九州
第 2 种:葬书[宣纸线装 1 册]	[晋]郭璞撰	220.00	九州
第3种:青囊序青囊奥语天玉经[宣纸线装1册]	[唐]杨筠松撰	220.00	九州
第 4 种:黄囊经[宣纸线装 1 册]	[唐]杨筠松撰	220.00	九州
第 5 种:黑囊经[宣纸线装 2 册]	[唐]杨筠松撰	380.00	九州
第 6 种:锦囊经[宣纸线装 1 册]	[晋]郭璞撰	200.00	九州
第 7 种:天机贯旨红囊经[宣纸线装 2 册]	[清]李三素撰	380.00	九州
第 8 种:玉函天机素书　至宝经[宣纸线装 1 册]	[明]董德彰撰	200.00	九州
第 9 种:天机一贯[宣纸线装 2 册]	[清]李三素撰辑	380.00	九州
第 10 种:撼龙经[宣纸线装 1 册]	[唐]杨筠松撰	200.00	九州
第 11 种:疑龙经葬法倒杖[宣纸线装 1 册]	[唐]杨筠松撰	220.00	九州
第 12 种:疑龙经辨正[宣纸线装 1 册]	[唐]杨筠松撰	200.00	九州
第 13 种:寻龙记太华经[宣纸线装 1 册]	[唐]曾文辿撰	220.00	九州
第 14 种:宅谱要典[宣纸线装 2 册]	[清]铣溪野人校	380.00	九州
第 15 种:阳宅必用[宣纸线装 2 册]	心灯大师校订	380.00	九州
第 16 种:阳宅撮要[宣纸线装 2 册]	[清]吴鼒撰	380.00	九州
第 17 种:阳宅正宗[宣纸线装 1 册]	[清]姚承舆撰	200.00	九州
第 18 种:阳宅指掌[宣纸线装 2 册]	[清]黄海山人撰	380.00	九州
第 19 种:相宅新编[宣纸线装 1 册]	[清]焦循校刊	240.00	九州
第 20 种:阳宅井明[宣纸线装 2 册]	[清]邓颖出撰	380.00	九州
第 21 种:阴宅井明[宣纸线装 1 册]	[清]邓颖出撰	220.00	九州
第 22 种:灵城精义[宣纸线装 2 册]	[南唐]何溥撰	380.00	九州
第 23 种:龙穴砂水说[宣纸线装 1 册]	清抄秘本	180.00	九州
第 24 种:三元水法秘诀[宣纸线装 2 册]	清抄秘本	380.00	九州
第 25 种:罗经秘传[宣纸线装 2 册]	[清]傅禹辑	380.00	九州
第 26 种:穿山透地真传[宣纸线装 2 册]	[清]张九仪撰	380.00	九州
第 27 种:催官篇发微论[宣纸线装 2 册]	[宋]赖文俊撰	380.00	九州

书　　名	作者	定价	出版社
第28种:入地眼神断要诀[宣纸线装2册]	清抄秘本	380.00	九州
第29种:玄空大卦秘断[宣纸线装1册]	清抄秘本	200.00	九州
第30种:玄空大五行真传口诀[宣纸线装1册]	[明]蒋大鸿等撰	220.00	九州
第31种:杨曾九宫颠倒打劫图说[宣纸线装1册]	[唐]杨筠松撰	200.00	九州
第32种:乌兔经奇验经[宣纸线装1册]	[唐]杨筠松撰	180.00	九州
第33种:挨星考注[宣纸线装1册]	[清]汪董缘订定	260.00	九州
第34种:地理挨星说汇要[宣纸线装1册]	[明]蒋大鸿撰辑	220.00	九州
第35种:地理捷诀[宣纸线装1册]	[清]傅禹辑	200.00	九州
第36种:地理三仙秘旨[宣纸线装1册]	清抄秘本	200.00	九州
第37种:地理三字经[宣纸线装3册]	[清]程思乐撰	580.00	九州
第38种:地理雪心赋注解[宣纸线装2册]	[唐]卜则巍撰	380.00	九州
第39种:蒋公天元余义[宣纸线装1册]	[明]蒋大鸿等撰	220.00	九州
第40种:地理真传秘旨[宣纸线装3册]	[唐]杨筠松撰	580.00	九州
增补四库未收方术汇刊第一辑(全28函)	线装影印本	11800.00	九州
第一辑01函·1:火珠林	[宋]麻衣道者著	120.00	九州
第一辑01函·2:卜筮正宗	[清]王洪绪辑	220.00	九州
第一辑02函·1:全本增删卜易	[清]野鹤老人撰	480.00	九州
第一辑02函·2:增删卜易真诠	[清]张金和撰	240.00	九州
第一辑03函·1:渊海子平音义评注	[明]杨淙增校	120.00	九州
第一辑03函·2:子平真诠	[清]沈孝瞻撰	120.00	九州
第一辑03函·3:命理易知	[清]袁树珊撰	120.00	九州
第一辑04函·1:滴天髓:附滴天秘诀	[宋]京图撰	120.00	九州
第一辑04函·2:穷通宝鉴:附月谈赋	[清]余春台辑	240.00	九州
第一辑05函·1:参星秘要诹吉便览	[清]俞荣宽撰	240.00	九州
第一辑05函·2:玉函斗首三台通书	[明]吴图南辑	120.00	九州
第一辑05函·3:精校三元总录	[明]柳铃辑	100.00	九州
第一辑06函:陈子性藏书	[清]陈应选撰	580.00	九州
第一辑07函·1:崇正辟谬永吉通书	[清]李奉来辑	300.00	九州
第一辑07函·2:选择求真	[清]胡晖著	200.00	九州
第一辑08函·1:增补选择通书玉匣记	[晋]许逊撰	200.00	九州
第一辑08函·2:永宁通书	[清]王维德纂	200.00	九州
第一辑09函:新增阳宅爱众篇	[清]张觉正撰	480.00	九州
第一辑10函·1:地理四弹子	[清]张九仪注	120.00	九州
第一辑10函·2:地理铅弹子砂水要诀	[清]张九仪著	220.00	九州
第一辑11函:地理五诀	[清]赵九峰著	200.00	九州
第一辑12函:地理直指原真	[清]释如玉撰	280.00	九州
第一辑13函:宫藏真本入地眼全书	[宋]释静道著	680.00	九州

书　　名	作者	定价	出版社
第一辑 14 函·1:罗经顶门针	[明]徐之镆撰	120.00	九州
第一辑 14 函·2:罗经解定	[清]胡国桢撰	120.00	九州
第一辑 14 函·3:罗经透解	[清]王道亨辑	120.00	九州
第一辑 15 函·1:校正详图青囊经	[清]王宗臣著	100.00	九州
第一辑 15 函·2:平砂玉尺经	[元]刘秉忠撰	100.00	九州
第一辑 15 函·3:地理辨正疏	[清]张心言撰	100.00	九州
第一辑 16 函:一贯堪舆	[明]唐世友辑	240.00	九州
第一辑 17 函·1:阳宅大全	[明]一壑居士集	200.00	九州
第一辑 17 函·2:阳宅十书	[明]王君荣辑	400.00	九州
第一辑 18 函:阳宅大成五种	[清]魏青江撰	600.00	九州
第一辑 19 函·1:奇门五总龟	[明]池纪撰	200.00	九州
第一辑 19 函·2:奇门遁甲统宗大全	[汉]诸葛武侯撰	200.00	九州
第一辑 19 函·3:奇门遁甲元灵经	[清]隐溪居士辑	100.00	九州
第一辑 20 函:奇门遁甲秘笈全书	[明]刘伯温辑	280.00	九州
第一辑 21 函:奇门庐中阐秘	[汉]诸葛武侯撰	600.00	九州
第一辑 22 函·1:奇门遁甲元机	[宋]岳珂纂辑	120.00	九州
第一辑 22 函·2:太乙秘书	[宋]岳珂纂辑	100.00	九州
第一辑 22 函·3:六壬大占	[宋]岳珂纂辑	100.00	九州
第一辑 23 函:性命圭旨	[明]尹真人撰	480.00	九州
第一辑 24 函:紫微斗数全书	[宋]陈抟撰	200.00	九州
第一辑 25 函:千镇百镇桃花镇	[清]云石道人校	220.00	九州
第一辑 26 函·1:清抄真本祝由科秘诀全书	[上古]黄帝传	680.00	九州
第一辑 26 函·2:轩辕碑记医学祝由十三科　祝由科治病奇书	[上古]黄帝传	120.00	九州
第一辑 27 函:增补秘传万法归宗	[唐]李淳风撰	160.00	九州
第一辑 28 函·1:神机灵数一掌经金钱课	[清]诚文信校	100.00	九州
第一辑 28 函·2:牙牌神数七种	[清]岳庆山樵著	100.00	九州
第一辑 28 函·3:珍本演禽三世相法	[唐]袁天罡著	240.00	九州
增补四库未收方术汇刊第二辑(全 36 函)	线装影印本	13800.00	九州
第二辑第 1 函—1:六爻断易一撮金	[宋]邵雍撰	100.00	九州
第二辑第 1 函—2:卜易秘诀海底眼	[宋]王鼐撰	100.00	九州
第二辑第 2 函:秘传子平渊源	燕山郑同校辑	280.00	九州
第二辑第 3 函:命理探原	[清]袁树珊撰	280.00	九州
第二辑第 4 函:命理正宗	[明]张楠撰集	180.00	九州
第二辑第 5 函:造化玄钥	庄圆校补	220.00	九州
第二辑第 6 函—1:命理寻源	[清]徐乐吾撰	100.00	九州
第二辑第 6 函—2:子平管见	[明]雷鸣夏撰	180.00	九州

书　　名	作者	定价	出版社
第二辑第 7 函:京本风鉴相法	[明]回阳子校辑	380.00	九州
第二辑第 8—9 函:钦定协纪辨方书 8 册	[清]允禄编	780.00	九州
第二辑第 10—11 函:鳌头通书 10 册	[明]熊宗立撰辑	880.00	九州
第二辑第 12—13 函:象吉通书 1	[清]魏明远撰辑	1080.00	九州
第二辑第 14 函—1:选择纪要	南秉吉撰辑	240.00	九州
第二辑第 14 函—2:选择宗镜	[明]吴国仕撰辑	120.00	九州
第二辑第 15 函:选择正宗	[清]顾宗秀撰辑	480.00	九州
第二辑第 16 函:仪度六壬选日要诀	[清]张九仪撰	680.00	九州
第二辑第 17 函:葬事择日法	燕山郑同校辑	280.00	九州
第二辑第 18 函:地理不求人	[清]吴明初撰辑	240.00	九州
第二辑第 19 函:地理大成一:山法全书	[清]叶九升撰	680.00	九州
第二辑第 20 函:地理大成二:平阳全书	[清]叶九升撰	360.00	九州
第二辑第 21 函—1:地理大成三:地理六经注	[清]叶九升撰	120.00	九州
第二辑第 21 函—2:地理大成四:罗经指南拔雾集	[清]叶九升撰	90.00	九州
第二辑第 21 函—3:地理大成五:理气四诀	[清]叶九升撰	90.00	九州
第二辑第 22 函:地理录要	[明]蒋大鸿撰	480.00	九州
第二辑第 23 函:地理人子须知	[明]徐善继撰	480.00	九州
第二辑第 24 函:地理四秘全书	[清]尹一勺撰	380.00	九州
第二辑第 25—26 函:地理天机会元	[明]顾陵冈辑	1080.00	九州
第二辑第 27 函:地理正宗	[清]蒋宗城校订	280.00	九州
第二辑第 28 函:全图鲁班经	[明]午荣编	280.00	九州
第二辑第 29 函:秘传水龙经	[明]蒋大鸿撰	480.00	九州
第二辑第 30 函:阳宅集成	[清]姚廷銮纂	480.00	九州
第二辑第 31 函:阴宅集要	[清]姚廷銮纂	240.00	九州
第二辑第 32 函:辰州符咒大全	觉玄子辑	480.00	九州
第二辑第 33 函—1:三元镇宅灵符秘箓	[明]张宇初编	120.00	九州
第二辑第 33 函—2:太上洞玄祛病灵符全书	[明]张宇初编	120.00	九州
第二辑第 34 函:太上混元祈福解灾三部神符	[明]张宇初编	360.00	九州
第二辑第 35 函—1:测字秘牒	[清]程省撰	120.00	九州
第二辑第 35 函—2:先天易数	[宋]邵雍撰	120.00	九州
第二辑第 35 函—3:冲天易数·马前课	[宋]邵雍撰	120.00	九州
第二辑第 36 函:秘传紫微	韩国抄本	240.00	九州
增广沈氏玄空学	郑同点校	68.00	华龄
地理点穴撼龙经	郑同点校	32.00	华龄
绘图地理人子须知(上下)	郑同点校	78.00	华龄
玉函通秘	郑同点校	48.00	华龄
绘图入地眼全书	郑同点校	28.00	华龄

书　　名	作者	定价	出版社
绘图地理五诀	郑同点校	48.00	华龄
一本书弄懂风水	郑同著	48.00	华龄
风水罗盘全解	傅洪光著	58.00	华龄
堪舆精论	胡一鸣著	29.80	华龄
堪舆的秘密	宝通著	36.00	华龄
中国风水学初探	曾涌哲	58.00	华龄
大六壬通解（全三册）	叶飘然著	168.00	华龄
壬占汇选（精抄历代六壬占验汇选）	肖岱宗点校	48.00	华龄
大六壬指南	郑同点校	28.00	华龄
六壬金口诀指玄	郑同点校	28.00	华龄
大六壬寻源编［全三册］	［清］周螗辑录	180.00	华龄
六壬辨疑　毕法案录	郑同点校	32.00	华龄
大六壬断案疏证	刘科乐著	58.00	华龄
御定奇门宝鉴	郑同点校	58.00	华龄
御定奇门阳遁九局	郑同点校	78.00	华龄
御定奇门阴遁九局	郑同点校	78.00	华龄
奇门秘占合编:奇门庐中阐秘·四季开门	［汉］诸葛亮撰	68.00	华龄
奇门探索录	郑同编订	38.00	华龄
奇门遁甲秘笈大全	郑同点校	48.00	华龄
奇门旨归	郑同点校	48.00	华龄
奇门法窍	［清］锡孟樨撰	48.00	华龄
奇门精粹——奇门遁甲典籍大全	郑同点校	68.00	华龄
御定子平	郑同点校	48.00	华龄
增补星平会海全书	郑同点校	68.00	华龄
五行精纪:命理通考五行渊微	郑同点校	38.00	华龄
子平汇刊1:渊海子平大全	［宋］徐子平撰	48.00	华龄
子平汇刊2:秘本子平真诠	［清］沈孝瞻撰	38.00	华龄
子平汇刊3:命理金鉴	［清］志于道撰	38.00	华龄
子平汇刊4:秘授滴天髓阐微	［清］任铁樵注	48.00	华龄
子平汇刊5:穷通宝鉴评注	［清］徐乐吾注	48.00	华龄
子平汇刊6:神峰通考命理正宗	［明］张楠撰	38.00	华龄
子平汇刊7:新校命理探原	［清］袁树珊撰	48.00	华龄
子平汇刊8:重校绘图袁氏命谱	［清］袁树珊撰	68.00	华龄
子平精粹1:官板音义详注渊海子平	郑同点校	98.00	华龄
子平精粹2:秘授滴天髓阐微	郑同点校	98.00	华龄

书　　名	作者	定价	出版社
子平精粹 3:命理秘本穷通宝鉴	郑同点校	98.00	华龄
子平精粹 4:神峰通考命理正宗	郑同点校	98.00	华龄
子平精粹 5:子平真诠、命理约言	郑同点校	98.00	华龄
纳甲汇刊 1:校正全本增删卜易	郑同点校	68.00	华龄
纳甲汇刊 2:校正全本卜筮正宗	郑同点校	48.00	华龄
纳甲汇刊 3:校正全本易隐	郑同点校	48.00	华龄
纳甲汇刊 4:校正全本易冒	郑同点校	48.00	华龄
纳甲汇刊 5:校正全本易林补遗	郑同点校	38.00	华龄
纳甲汇刊 6:校正全本卜筮全书	郑同点校	68.00	华龄
京氏易精粹 1:火珠林·黄金策	郑同点校	98.00	华龄
京氏易精粹 2:易林补遗、周易尚占	郑同点校	98.00	华龄
京氏易精粹 3:校正增删卜易	郑同点校	98.00	华龄
京氏易精粹 4:野鹤老人占卜全书	郑同点校	98.00	华龄
京氏易精粹 5:易隐、易冒	郑同点校	98.00	华龄
古今图书集成术数丛刊:卜筮(全二册)	郑同点校	80.00	华龄
古今图书集成术数丛刊:堪舆(全二册)	郑同点校	120.00	华龄
古今图书集成术数丛刊:相术(全一册)	郑同点校	60.00	华龄
古今图书集成术数丛刊:选择(全一册)	郑同点校	50.00	华龄
古今图书集成术数丛刊:星命(全三册)	郑同点校	180.00	华龄
古今图书集成术数丛刊:术数(全三册)	郑同点校	200.00	华龄
四库全书术数初集(全四册)	郑同点校	200.00	华龄
四库全书术数二集(全三册)	郑同点校	150.00	华龄
四库全书术数三集:钦定协纪辨方书(全二册)	郑同点校	98.00	华龄
增补鳌头通书大全(全三册)	[明]熊宗立撰辑	180.00	华龄
增补象吉备要通书大全(全三册)	[清]魏明远撰辑	180.00	华龄
绘图三元总录	郑同编校	48.00	华龄
绘图全本玉匣记	郑同编校	32.00	华龄
周易正解:小成图预测学讲义	霍斐然著	68.00	华龄
周易初步:易学基础知识 36 讲	张绍金著	32.00	华龄
周易与中医养生:医易心法	成铁智著	32.00	华龄
梅花心易阐微	[清]杨体仁撰	48.00	华龄
梅花易数讲义	郑同著	58.00	华龄
白话梅花易数	郑同编著	30.00	华龄
一本书读懂易经	郑同著	38.00	华龄
白话易经	郑同编著	38.00	华龄

书　　名	作者	定价	出版社
周易象数学(精装)	冯昭仁著	98.00	华龄
知易术数学:开启术数之门	赵知易著	48.00	华龄
术数入门——奇门遁甲与京氏易学	王居恭著	48.00	华龄
奇门秘书:鸣法体系校释(精装上下)	龙伏山人撰	198.00	九州
中国风水史	郑同傅洪光撰	32.00	九州
壬奇要略(全5册;大六壬集应钤3册,大六壬口诀纂1册,御定奇门秘纂1册)	肖岱宗郑同点校	300.00	九州
白话高岛易断(上下)	[日]高岛嘉右卫门	128.00	九州
周易虞氏义笺订(上下)	[清]李翊灼校订	78.00	九州
周易明义	邸勇强著	73.00	九州
论语明义	邸勇强著	37.00	九州
统天易数	秦宗臻著	68.00	城市
润德堂丛书六种:新命理探原	袁树珊著	30.00	燕山
润德堂丛书六种:命谱	袁树珊著	60.00	燕山
润德堂丛书六种:大六壬探原	袁树珊著	30.00	燕山
润德堂丛书六种:选吉探原	袁树珊著	30.00	燕山
润德堂丛书六种:中西相人探原	袁树珊著	30.00	燕山
润德堂丛书六种:述卜筮星相学	袁树珊著	30.00	燕山
天星姓名学	侯景波著	38.00	燕山
解梦书	郑同	58.00	燕山

　　周易书斋是国内最大的专业从事易学术数类图书邮购服务的书店,成立于 2001 年,现有易学及术数类图书、古籍影印本、学习资料等现货 6000 余种,在海内外易学研究者中有着巨大的影响力。请发送您的姓名、地址、邮编、电话等项短信到13716780854,即可免费获取印刷版的易学书目。**或来函**(挂号):北京市 102488 信箱 58 分箱　邮编:102488　王兰梅收。

1、QQ:(周易书斋 2)2839202242;QQ 群:(周易书斋书友会)140125362。
　　免费下载全部易学书目:http://pan.baidu.com/s/1i3u0sNN

2、联系人:王兰梅电话:13716780854,15652026606,(010)89360046

3、邮购费用固定,不论册数多少,每次收费 7 元。

4、银行汇款户名:**王兰梅**。请您汇款后**电话通知我们所需书目以及汇款**时间、金额等项,以便及时寄出图书。
　　邮政:601006359200109796　农行:6228480010308994218
　　工行:0200299001020728724　建行:1100579980130074603
　　交行:6222600910053875983　支付宝:13716780854

5、京东—学易斋官方旗舰店网址:xyz888.jd.com

6、学易斋官方微信号:xyz15652026606

北京周易书斋敬启